U0609190

旋律是音符的拿手好戏

青春美文精品集萃丛书·拿手好戏系列

《语文报》编写组 选编

时代文艺出版社

图书在版编目（CIP）数据

旋律是音符的拿手好戏 /《语文报》编写组选编.
-- 长春：时代文艺出版社, 2021.6
（青春美文精品集萃丛书.拿手好戏系列）
ISBN 978-7-5387-6762-9

Ⅰ.①旋… Ⅱ.①语… Ⅲ.①作文－中小学－选集
Ⅳ.①H194.5

中国版本图书馆CIP数据核字(2021)第096480号

旋律是音符的拿手好戏
XUANLYU SHI YINFU DE NASHOU HAOXI

《语文报》编写组　选编

出 品 人：陈　琛
责任编辑：徐　薇
装帧设计：孙　利
排版制作：隋淑凤

出版发行　时代文艺出版社
地　　址：长春市福祉大路5788号　龙腾国际大厦A座15层　（130118）
电　　话：0431-81629751（总编办）　　0431-81629755（发行部）
网　　址：weibo.com/tlapress（官方微博）　　sdwycbsgf.tmall.com（天猫旗舰店）
开　　本：880mm×1230mm　1 / 32
字　　数：135千字
印　　张：7
印　　刷：三河市嵩川印刷有限公司
版　　次：2021年6月第1版
印　　次：2021年6月第1次印刷
定　　价：36.00元

图书如有印装错误　请寄回印厂调换

编 委 会

主　　编：刘应伦

编　　委：刘应伦　赵　静　李音霞

　　　　　郭　斐　刘瑞霞　王素红

　　　　　金星闪　周　起　华晓隽

　　　　　何发祥　朱晓东　陈　颖

　　　　　段岩霞　刘学强

本册主编：班　勇　尹梅存

Contents
目　录

变幻的四季

天空的眼泪

知 识 修 行

旋律是音符的**拿手好戏**

会说话的眼睛

橡皮和铅笔

目
录

《《《

变幻的四季

变幻的四季

杨莹莹

变幻的四季犹如车轮般循环往复；变幻的四季犹如盛开的花朵从一颗种子到枯萎的花朵；变幻的四季让我从懵懂无知的少年蜕变成聪明伶俐的懂事少年……

春，是万物复苏的季节。看，小草探出头来听春姑娘美妙的歌声；看，桃花绽放笑脸；看，春姑娘优美的舞姿；看，柳树扭动柳枝来跟春姑娘一起跳舞……春，是植物和动物舒展身体的季节。

夏，是骄阳似火的季节。听鸟儿们在说："夏天真热！"知了在说："热死了，热死了。"人们在大树下乘凉，老人扇着扇子说："这天太热了！"小孩儿吃着冰棍说："好热啊！"看，小草被晒昏了，小花被太阳晒得低下了头！只有向日葵依旧面对太阳，用微笑回应夏的热烈。

秋，是绽放生命光彩的季节。风轻轻地吹向我，像和我打招呼，我的头发随风飘扬，落叶在地上打滚，我捡起一片枫叶吟诵："湖面上荡着红叶一片，如一叶扁舟上面坐着秋天。"小河上那一叶枫叶如一条小船，上面坐着秋天。秋天来到了，红叶是夏天遗落的残骸。

冬，是万物冬眠的季节。湖面上结起了厚厚的冰，鱼儿在水下睡觉。天下起了纷纷扬扬的雪，熊美美地吃上一顿，在雪山睡着了，蛇在洞里卷成麻花一团如婴儿般沉沉睡去，早没有了骇人的模样……冬天真宁静啊！

春，人们在明媚的阳光下作画，写生。夏，人们在树荫下乘凉。秋，人们在马路上散步。冬，人们在积满厚雪的原野里打雪仗。

每个季节下，诗人们精心创作了各式各样的诗句。春：春色满园关不住，一枝红杏出墙来。竹外桃花三两枝，春江水暖鸭先知。夏：黑云翻墨未遮山，白雨跳珠乱入船。秋：停车坐爱枫林晚，霜叶红于二月花。冬：墙角数枝梅，凌寒独自开……四季的诗多如繁星一样，数不胜数。

光阴似箭，日月如梭，我们在学校的时光一去不复返。我们一起玩耍，一起努力，一起奋斗，一起伤心，一起紧张学习的画面时常印在我的脑海里。我即将离开母校了，虽然万分不舍，但我相信有缘再见，我会永远记住我的朋友们。"天下没有不散的筵席。"我们的经历都留在四季中了。春姑娘会把我们的经历续写下去，我一定会永远记住你们的，我最亲爱的朋友们。

四 季 之 歌

张茗涵

春风是春的使者，她带走寒冷、悲伤、无助。把一轮温暖的太阳移到了中天。春姑娘像一位出色的画家，在单调无味的大地画上潺潺流淌的溪水，郁郁葱葱的青山。可春姑娘觉得还缺少了什么，对！是歌声！春姑娘的脑海中灵光一闪。于是她召唤不知名的鸟儿，让它们用天籁般的声音欢叫着，像跳跃的音符。看着眼前这幅生机勃勃的春景图，春姑娘心满意足地离去，等夏姑娘来完成她的使命。

荷花是夏姑娘最喜欢的花儿，每到荷花盛开时，夏姑娘就知道，是她该上场的时候了。当她看到春姑娘创造的这幅画时，不由得赞叹道：哇哦！这幅画如仙境一般。闭上眼睛，天籁般的声音就流淌了出来。美妙的声音好像幻化成了缥缈的云雾将我团团围绕，悠扬而舒缓的"歌声"

把我带到了童话世界。于是，夏姑娘又把春姑娘画的植物，变得更加肥沃了。

《枫桥夜泊》是秋姑娘最喜欢的诗。每当有人朗诵这首诗时，秋姑娘就坐上枫叶，飘落到人间，当看到这样美丽、动人的秋色画时，不由自主赞叹道：太美了！真是美不胜收啊。于是她向面前洒下金灿灿的果实，让这幅画更加光彩夺目。

可，冬天来了。冬姑娘飘着雪花来到人间，她不像其他季节的姑娘一样，而像个个挑剔的公主，对她们的画一点儿也不满意。于是她把色彩斑斓的土地变成了一张白纸，于是春姑娘再画，冬姑娘再擦，一百年过去了，春姑娘不知画了多少幅美丽动人的画，冬姑娘也不知擦了多少次……天地就如此轮回，周而复始。

我爱故乡红柳河

张文军

在我的记忆里，常无声地漂过一条弯弯曲曲，清清凉凉的小河。

小河两岸长满了高大茂密的红芯柳，河水在遮天蔽日的树荫里静静流淌，因此小河得名红柳河。夏天，小河两岸边的红柳长得十分茂密，随着小河迂回在村前弯成几个暗红色大"S"形。

红柳树荫覆盖的清凉河水里有鲫鱼、白条、汪丫、泥鳅之类的鱼畅游其间；红柳树荫里有鸟窝，我们经常会光屁股爬上去掏鸟蛋捉小鸟；柳枝上还有知了在拼命地叫着夏天。我们村里几个小伙伴，早已把小河当作天然浴场了，光身站在斜卧河面的歪脖红柳树上喊："东倒瓜，西倒瓜，掉到大河没人拉，哪要拉，拉回家作大大。"眼一闭，身一仰，面上背下"扑通"一声倒入河水里，顺河底泅行，好长时间才从下游露出黑脑袋，伙伴们一个接一个跳，乐此不疲。

有时正玩得高兴，突然黑蛋冷不丁一声喊："你妈妈来了。"我从水里向河岸一望，不得了，妈妈手拿荆条，正朝河水里黑压压一片脑袋里找我呢。赶紧溜，我一个猛子泅到下游老远，光着身子溜上岸撒腿就跑，妈妈一看，一个光泥鳅跑了，拎着荆条就追。我一溜烟儿已跑到河岸边豇豆架里面藏起来了，任凭妈妈在外面跳脚骂，大气也不敢出，最后妈妈扔下一句："晚上回家我揭你的皮。"

我一人光身躲在里面，任凭蚊虫叮咬浑身是红包又痒又痛，也要等好久才敢出来，那时小孩儿也是不准随便戏水的。虽经常受这惊吓，但丝毫不能减轻我对红柳河的热爱。

傍晚的小河又成了大人们的消暑天堂，父辈们"双抢"收工归来，拖着疲惫的身子，一身泥和汗。融融月光下的小河犹如温情的母亲，张开怀抱，几个汉子往河里一跳，清凉的河水冲去一身的疲乏。他们一边扯着小孩听不懂的女人笑话，一边还用双手在水里打"王八雷子"，震天的响声似乎把山村人的梦想在深邃的夜空传得很远很远……

晚秋之后，红柳落叶，河水苍凉起来，河岸边庄稼成熟了，小河两岸一片丰收景象，河水瘦了也流缓了。似一个驼背的老头一步一步挨到冬天，河面上就只剩下刀子样的北风在柳丝间尖厉地呼哨。河水在寒风中也不动了，河面结了厚冰，孩子们不怕冷，穿着露了絮的破棉袄，趿拉着破草鞋，走上冰面滑冰滚冰 。

只要你不怕冷，用尖石头砸个冰眼，把手伸进河水里，准能逮几条怕冷的肥美鲫鱼。你也可以去河边向阳的红柳树根部的胡子里翻翻，或许里面就有几只缩头乌龟或鳖躺在里面呢。那时，乡下人是不作兴吃这些的。

我离开家乡已好几年了，但家乡的红柳河却时时在我记忆之中流淌，曾多少次在梦里又回到了家乡的红柳河畔。

春

吴云枫

　　春姑娘迈着轻盈的步伐悄悄地来到人间。春天，万物都苏醒来了，草儿绿了，花儿绽开了笑脸，柳树发芽了，大雁也从南方赶回来了。

　　这正是春游的好时节，我走向了田野。

　　春天的田野到处是一片生机勃勃的景象。瞧，那一大片一大片金黄色的油菜花，就像一片金色的海洋。这一丛丛，一簇簇的油菜花，向我们绽开了美丽的笑脸。我们踏着软绵绵的小草，观赏着金灿灿的油菜花，香风拂面，多么清爽呀！一阵微风吹来，朵朵油菜花翩翩起舞，舒展着它们美丽的姿态。还有它们那浓郁的香味儿，引来了无数采蜜的蜜蜂、蝴蝶和可爱的孩子们……我被眼前的景色迷住了，仿佛置身于一幅无比烂漫的画卷中，让人顿觉神清气爽，心旷神怡。

近看，油菜花是一朵朵的、一簇簇的，每一朵花上一般都有四个花瓣，花瓣和花蕊都是黄色的。一朵朵油菜花在碧绿的油菜叶子的映衬下，像一只只黄色的蝴蝶，好看极了。我情不自禁地把鼻子凑过闻闻，芳香扑鼻，沁人心脾。

油菜田旁边是一个小池塘，池水清澈见底，蓝天、白云、绿树、红花倒映在水中，犹如一幅美丽的画。很多可爱的鱼儿摇摆着扇子般的尾巴在水中快活地追逐、嬉戏。我们可以带上鱼食喂鱼，只要你撒下鱼食，鱼群就会马上簇拥上来抢食，一会儿又散去。鱼群由聚拢到分散，就像一朵五彩的花霎时开放，真有意思。

田野四周是成片的桃花，粉红粉红的，远看像一片灿烂的云霞，更像一个个坚定的士兵日夜保卫着美丽的田野。

欣赏春天的美景，我相信你一定会陶醉于迷人的春景之中。

小脚丫在歌唱

魏冰清

小脚丫，在彩虹下轻轻歌唱："大地的泪珠，使她的微笑如鲜花般盛开。"

小脚丫，在雨水的歌声中给大地刻上记忆；

小脚丫，在山路的花香中给草木轻轻歌唱；

小脚丫，在清风的歌谣中给溪流讲述童话。

晨光中，小脚丫在清新自由的奔跑，收割着花蕾的微笑，把缕缕花香包在洁白的手帕中，捎给大山之外的小朋友，告诉她们，我们龙舒大地的美丽画卷里，到处有神奇、到处有传说、到处有佳话。

日光下，小脚丫在芳香的田野上印刷着自由与舒展。明媚的阳光下，小脚丫放飞了紫丁香的梦想，放飞了蒲公英的朵朵伞花。她们把龙舒大地——大别山革命老区的神奇变化，书写成崭新的请柬，邀请天下四面八方的客人来万佛湖畔做客。她们把龙舒大地崭新希望印刷成芳香的名片,介绍给分布于全国各地的八方来客,让她们在春暖花开的季节,品味生活的风雨与彩虹。

月光下,小脚丫在飘逸着李公麟墨香的书页中延伸着思维的快速通道;在周瑜城的蓝天上舒展着梦想的翅膀。小脚丫在八月桂花的芳醇中勾勒着金寨革命老区脱贫致富奔小康的中国梦想。

小脚丫,留下了龙舒大地的孩子们稚嫩的心思;

小脚丫,拔节着龙舒大地的学生们崭新的希望;

小脚丫,书写的是甜蜜,镂刻的是思考,锤炼的是憧憬。

小脚丫的歌谣,被风儿撒播在五光十色的龙舒大地的画卷里。

美丽的大自然

朱汪增钰

春天到了，春姑娘迎着微风来到人间。世界万物都苏醒了，小草从长久的睡梦中慢慢地醒过来了，探出了小脑袋东张西望，在对着小伙伴们说："春天到了，春天到了，大家快点儿醒来吧！"柳树姐姐听到了，她赶忙梳洗那随风飘扬的柳条。小松鼠听到了，他放下松果爬出洞来，做起健身操……温暖的春天过去了。

夏天到了，夏姑娘迎着暖风来到人间。世界变得生机勃勃，绿意盎然。小草越来越绿，已经是一个成熟的大人了。池塘里的荷花开得更旺了，那一个个粉红的花蕊像是在比谁美，个个都争先恐后地绽放着。碧绿的荷叶像一把撑在水面的伞，上面布满了晶莹透亮的露珠，又像圆盘里放了一粒粒豆子。

炎热的夏天过去了。秋天到了，秋姑娘站在凉风的路口，她撒了一把金黄，世界变得憔悴了，小草变黄了，它渐渐枯萎了。树叶变黄了，它们纷纷从树上飘落下来，好像蝴蝶在翩翩起舞，和大树依依不舍地挥手告别。走进果园，各种水果数不胜数。柿子熟了，挂在树上像一个个小灯笼，给果园增添了几分热闹；苹果熟了，一个个小脑袋挂在树上发出阵阵欢笑声。凉爽的秋天过去了。

冬天到了，冬姑娘迎着寒风来到人间，世界成大雪纷飞的童话世界。地上都是洁白的雪，孩子们有的打雪仗，他们这里扔一个雪球，那里扔一个雪球，他们脸上都挂满了微笑，一点也不觉得冷。还有的在堆雪人，他们分工合作完成了一个大腹便便的雪人，他们望着雪人哈哈大笑！寒冷的冬天也慢慢地过去了……

大自然你多么美丽！多么洁白！我爱你大自然！

乡村夏夜

李文晶

夜晚悄悄地来了，太阳公公恋恋不舍地离开了火热的天际，最后一抹晚霞也随暑气渐渐地消失了，漆黑的夜晚，月亮为人们歌唱，星星与我们相伴，厌倦了城市的喧闹声，在那片星光璀璨的地方，有着我最爱的乡村，有我成长的足迹——我的故乡。

云儿在月亮边上静静地睡着，鸟儿飞回树林，飞回鸟巢安详地睡去。晚风轻轻地吹着，白天的炎热全都被这习习凉风给带走了。银色的月光洒满了大地，落在田野，为大地妈妈盖上了银被子；洒在树林里，为正在沉睡的动物也盖上了银被子；月光还洒满了水面，落在房顶上，月亮和它的伙伴——星星，为漆黑的天幕，添上了一丝丝光亮，镶成了一幅美丽、动人的夜色图。

此时，劳累一天的人们，都坐在院子里乘凉，孩子们睡在这洒满月光的院子里。仰望这美丽的天空，心情顿时无比地愉悦。

远听，那池塘边知了的鸣叫已成了一首悠扬的小夜曲，还有青蛙"呱呱"地伴奏，这首小夜曲更添加了几分乡村韵味。月亮挥洒在水面上，一阵阵微风吹过水面，好似月亮在水中欢乐地跳舞。

夜色越来越深了，一片寂静环绕着整个乡村。月光下，只有花儿还微笑着脸庞，花香伴随着晚风悄悄地向四周飘去，沁人心脾。乡村的夜十分宁静，不像城市，喧哗不断。我和几个小伙伴一起出去玩，拿着手电筒，在草丛里寻找着唱歌的蟋蟀。累了，便在草地上嬉戏休息，虽然是夜晚，但大人们也在用方言聊着天，而像我们这样精力旺盛的小孩，总会打打闹闹。这宁静的夏夜，是谁打着灯笼走在池塘边的芦苇丛中，而且灯光还那么微弱？原来是萤火虫在芦苇丛中飞行和嬉戏，现在，不管是城市还是乡村都很少见到萤火虫了。在我记忆深处，夏天，总会和隔壁的大哥哥或大姐姐一块去捉萤火虫，捉完后放进瓶子里，玩一小会就会把萤火虫放回大自然。有时，也会多带几个瓶子，捉一两只萤火虫和蟋蟀、知了，但每次都捉的很少，几乎不忍心伤害它。

有时人们还会趁着夜色，拿着手电筒去池塘边钓鱼。池塘中央，只见粉红色的荷花像一位少女那样站在池塘中央，我不禁想起周敦颐所描绘的"出淤泥而不染，濯清涟而不妖"。真似身处诗画中一般，墨绿的荷叶上青蛙依旧在上面"呱呱"地唱着歌儿，又令我想起了"稻花香里说丰年，听取蛙声一片"这句诗，朗朗上口的诗句，美如图画的景色，一切都显得那么和谐美妙。

在不知不觉中，夜已深了，我走在回家的路上，一抬头，看见月亮似害羞一样躲进了云层中，可感觉月亮又像母亲一样，给星星们讲着故事。乡村的夜晚没有路灯，也没有霓虹灯，只有皎洁的月亮，用它微弱的光芒，照亮着乡村的路。乡村的夜晚永远是那么美丽、明亮，像一幅栩栩如生的画卷藏在我的脑海里，让我在不经意间想起，这美景让我迷恋。

我爱这美丽的乡村夏夜。

天 真 热

王慧子

今天的夏天热的出奇，从7月10号到今天快半个月了，气温从三十五摄氏度一直飙升到四十二摄氏度。据中央气象台报道，昨天我们这里地表温度达到七十一摄氏度，全国第一，这样的高温还要持续到七月底。

今年的夏天，太阳特别勤快，五点多钟已经起床了，升到天空，一直到晚上七点才不急不慢地离开。蓝天是万里无云，那些云彩看见火辣辣的太阳早就不知道跑到哪儿凉快去了。

"知了——热死了！""知了——热死了！"知了在树上有气无力地哼着，再也没有力气去享受那甜美的树汁。树叶打着卷，有的已经黄了，离开了大树妈妈，已经落地了，轻轻一踩，整片叶子变成了碎渣，就连那具有顽强生命力的小草也耷拉着脑袋，整个大地成了一个大烤炉，没有一丝风，就算偶尔有一丝风也是热乎乎的。大街上行人稀少，汽车飞速的奔驰而过，屁股后会留下一串白烟。

人们都在家里开着空调，空调打到最低档，爸爸还要把电扇打开，还美其名曰双管齐下。空调风扇同时使用，我才会觉得凉快。我总是打开冰箱，寻找冷食，给自己降温。

哎，这鬼天气真是让人热得慌闹得慌，据天气预报预告，这火炉状态还要持续到八月初，今年的夏天，天真热！

黄昏下的乡村

方志伟

　　我爱黄昏下的乡村，不只因为它有醉人的风姿，更因为它充满浓郁的生活气息。

　　当夕阳把它的余晖洒向大地，五彩轻纱笼罩下的乡村充满了诗情画意，人们的生活显得更加甜美幸福。

　　黄昏下的小河是那样的安逸，血红的夕阳把河水染得通红。在晚风的抚摸下，河水荡漾起了无数的涟漪，犹如一条条红裙子似的轻轻流动着。几片落叶在水中悠悠地打着旋儿飘向远方，几位老人正在河边快乐垂钓。

　　乡间的小路上，别有一番情趣。孩子们正沐浴着夕阳的余晖，驱赶着一群群牛羊走在归家的路上。一只只可爱的小羊羔和一头头活泼的小牛犊跟在它们母亲的后面，尽情地撒着欢儿。几个淘气的孩子坐在牛背上哼着悠扬的乡村小调，也有的孩子用鞭子驱打着那些调皮的牛羊。歌声和"哞哞""咩咩"的叫声组成了一首动听的"牧歌"，与夕阳和晚霞一起洒落在这弥漫着乡土味的小路上。

田野里，升腾着柔和的晚霞，红红的霞光像彩绸一样披散开来，抹在云天，铺到地面，劳动了一天的人们的笑脸更加红润了。他们望着那黄澄澄、金灿灿的田野，一天的疲劳顿消无余。

被白杨树环抱的农家小院更是让人如醉如痴。夕阳的余晖透过浓密的树木洒在红砖青瓦的房舍上，给它也抹上了一层金灿灿的颜色。烟囱里冒着缕缕炊烟扶摇而上，天上白云朵朵，空气清新。几只燕子在空中捕捉着昆虫，地上的鸡鸭鹅在门前自由自在地觅食，偶尔还撒着欢儿叫几声。

还有那一道道高低错落的瀑布，就像李白的诗"日照香炉生紫烟，遥看瀑布挂前川。飞流直下三千尺，疑是银河落九天"啊！当最后一缕晚霞隐去时，放眼望去，整个村庄，暮霭缭绕，万家灯火微微闪烁，忽明忽暗，烘托出美丽而又安详的夜。

人们都沉浸在这恬静的气氛中。多么美丽的乡村黄昏啊，好似迷人的乐曲，又如壮丽的画卷。

我爱黄昏下的乡村。

美丽的秋天

惠笑笑

有人喜欢春天的花园，有人喜欢夏天的河畔，有人喜欢冬天的雪地，而我最喜欢美丽的秋天。

夏弟弟悄悄地走了，秋姑娘迈着轻盈的脚步来了，她给我们带来了丰收的喜悦和美丽的秋景。

田野里，成片的大豆摇动着豆荚，发出了哗啦啦的笑声；挺拔的高粱扬起了黑红黑红的脸庞，像是在乐呵呵地演唱。

秋天的果园里硕果累累。枝头上挂满了一个个又大又红的苹果，远远望去，就像刚出生婴儿扬着红通通的脸蛋；架子上挂满了一串串晶莹剔透的葡萄，有紫红的，淡绿的……让人看了直流口水；那一个个黄澄澄的橘子，你挤我碰的，争先恐后地等着果农们去采摘呢！石榴也毫不示弱，咧开嘴笑了，露出了像玛瑙般的子儿，还有那红彤彤的枣儿，黄澄澄的梨……果园里可真热闹啊！

山坡上，是花草的世界。只要你走上山坡，你会发现，这里的每一棵小草，每一朵小花都显得生机勃勃。

公园里，到处都回荡着孩子们的欢声笑语，有的孩子在玩荡秋千，有的孩子在玩滑滑梯，个个孩子都像乐开了花一样，脸上都洋溢着浓浓的笑容！

啊！秋天真是一幅美丽的山水画，我爱秋天！

变幻的四季

中秋月圆日

汪诩哲

在中华民族的各种传统节日中，中秋节是一种人人皆知的节日。而中秋节又被称为团圆节，寓意是家家团圆，也正如《满江红·小住京华》中的一句：小住京华，早又是，中秋佳节一样，家家团圆，一起赏月。今年，我家的中秋节则在外婆家度过。

夜幕降临了，一轮皎洁的明月身穿白色的纱衣缓缓升上黑色的天空，撒下一地的碎银，显得美丽而高雅。银灰色的云儿像轻纱似的围绕在旁边，伴随着几缕和煦的晚风，真是美妙极了。

我们在院子里站着，吃着香喷喷的月饼，赏着明月，手中的月饼仿佛是那天上的明月，圆圆的，真是一种好看的形状。调皮的月儿似乎在戏弄我们，我走她也走，我停她也停，始终是不远不近的距离，不想让人近距离看到她的美丽。

咦，月亮上怎么还有一块小小的黑影呢？噢，那兴许是美丽的嫦娥姐姐吧，怀里抱的，是她那可爱的玉兔吧！嫦娥姐姐在月亮上生活一定很孤独吧，看，她低着头，像是在寻找她的丈夫。

深蓝色的绸缎中，没有宝石般璀璨的星星，只有那皎洁的一轮玉盘。她俯视着大地，脸上绽放出太阳般温暖的笑容，引人注目。这洁白的月儿见人们都盯着她，赞扬她，害羞的躲入薄纱似的云层中，又不经意地露出一小角，让人不禁遐想云层后的那轮明月是如何美丽、明亮。

云儿看着倾国倾城的月儿，暗自落泪，想去角落里哭泣。风婆婆像是听到了她的心声，轻轻地吹了口气，让那自卑的云儿不至于在人们面前出丑。

清冷的月光照在小院子里，添上一丝凉意。看着这一缕缕皎洁的月光，我不由自主地想到了远在他乡的朋友，正所谓《水调歌头》中的"但愿人长久，千里共婵娟"一样，明月寄托着我的祝福。

月儿寄托着人们的团圆情，希望在中秋佳节，我们每个人都可以看到一轮明月，感受到家人衷心的祝福！

秋　景

李泗稼

　　火辣辣的夏姑娘走了，多情的秋姑娘迈着轻盈的脚步，婀娜多姿地向我们走来，用她灵巧的双手把整个世界装扮得浓墨重彩、硕果累累。

　　阵阵秋风吹来，使人感到心旷神怡。棉花白得像雪，黄澄澄的稻穗笑得咧开了嘴，稻子盖住了广阔的田野，远远望去，好比一片诱人的金色湖泊，红高粱笑了，像一个个燃烧的火把。大地穿上了一件黄色的毛衣，枯黄的杨树叶和鲜艳的枫树叶飘落下来，好像翩翩起舞的彩色蝴蝶。熟透了的柿子像红灯笼一样挂在树上。山野河谷像少女的裙子灼灼燃烧。瞧，秋姑娘来到田野里了，玉米可高兴了，它特意换了一件金装，咧开嘴笑了，露出满口大黄牙。大豆也许太兴奋了，竟笑破了肚皮，谷子特别懂礼貌，俯下身子迎接秋姑娘。高粱怕见陌生人，见了秋姑娘，脸都红了，热热闹闹的秋真让人陶醉啊!

河塘里的鱼虾肥了，在那里蹦蹦跳跳，好像在享受秋天的喜悦。田野里成熟的果实是给农民的最好的回报。拖拉机在田间"突突突"地说"忙忙忙"；运送粮食的汽车在公路上穿梭似的奔跑，欢快的笑容伴着汗珠在农民的脸上荡漾，虽然是累了一些，但丰收的喜悦却毫无掩饰地表露。小朋友们更加高兴了。或者捡几片树叶做标本；或者放飞一只风筝；或者拿起画笔，把眼前的美景变成用永久的记忆……我们唱啊，跳啊，有讲不完的故事，更有做不完的游戏……

秋天真是一幅美丽的画卷，我爱秋天!

美哉，万佛湖

周皓宇

记得那年，我的家乡还没实现城乡公交一体化，第一次随爸爸妈妈"出远门"便是去万佛湖。带着满满的好奇游览了那里的湖光山色，心中从此也就多了一处割舍不断的风景。每当闲暇之余，我总会有去那儿游玩的梦想。

每次去时，我都被那环湖皆山、碧波万顷、鸥鸟翔集、舟楫点点的优美风景所吸引。直到最近一次去那儿，沿着崭新的彩色环湖公路一路观赏，豁然发现万佛湖别有风味的独特的美。

进入设计新颖的主景区入口，漫步在林荫道上，映入眼帘的风景美不胜收。忽然，我的眼前一亮，只见或蹲或站、或挑或扛、或推或拉……形态各异的雕塑跃然眼前，走近细瞧，原来这些栩栩如生的雕塑，是祖辈们当年兴建万佛湖大坝时的实景再现。

仰望不远处雄伟的大坝，我简直不敢相信自己的眼睛。那是在当年落后的生产条件下，祖辈们用手挖肩挑的方式筑成的，堪称世界第一的人工夯土石大坝。当时全县总动员，只为"修水库实现千年梦想，锁蛟龙造福万代子孙"的号召。为了这个共同的梦想，他们在缺衣少食的贫困年代，付出了艰苦卓绝的努力，甚至不惜牺牲自己的生命，最终修筑成世界最伟大的工程——龙河口水库大坝，今天的国家5A级万佛湖风景度假区。

前人栽树，后人乘凉。现在的万佛湖已不仅仅局限于建成时的"战恶龙，降旱魔"了。因为这里的水，是从千山万壑浸透汇聚而来，融入了无数先辈们流下的血汗，所以清澈碧透，甘甜可口，成为下游人民的饮用水源地。在几代人持续不断的奋斗下，国家5A级万佛湖旅游风景区，每天游人如织；如今，这里的交通便利，基础设施完善，特色农副产品更是闻名省内外，带动着我们的家乡发生着日新月异的巨变。

自我游万佛湖归来，充满力量的雕塑和前人建设大坝时的场景一幕幕浮现在我脑海中，激励着我，不畏困难，一定要为自己的梦想而不懈努力。百年追梦，全面小康。我想他们也悄无声息的激励着舒城人民汇聚力量，攻坚克难，打响脱贫攻坚战，实现人民的幸福梦！

有趣的小虾

江心怡

暑假里的一天，妈妈买了一袋子可爱的小虾，它们一个个活蹦乱跳，活像一个个淘气的小孩子。我想尝尝养小虾的乐趣，就恳求妈妈给我几只小虾，可妈妈不同意，怕我把家里搞得乱七八糟的。最后经过我的软磨硬泡，妈妈终于答应了。

我赶紧拿来一个透明的瓶子，一下子捉了两只，没想到在捉最后两只的时候，一只好似大将军的虾大概是不甘心被捉走，猛地一挣扎，跳到地上。我连忙去捉它，没想到捉到那只，又逃走这只；捉到这只，又逃走了那只，搞得我手忙脚乱，满头大汗。经过一番折腾，终于让它们都束手就擒了。

我观察了瓶子里的四只小虾，它们一个个弯着腰，像老爷爷。一双花椒籽般又黑又亮的眼睛，还有两条长长的胡须，与同伴不时地接触着，好像在打招呼。身上还有许许多多的黑色斑点，点缀在透亮的壳儿上，像穿着一件美丽的铠甲。它们不停地舞动着脚，在瓶里来回穿梭着。尾巴像把扇子，一共分成了五瓣。每一瓣都有星星点点的色彩，十分漂亮。

看，它们一个个在水中嬉戏着，有的翻跟头，有的追逐玩耍，还有的自由自在地漫步。"大将军"就像一个统帅，让三只小一点儿的在它身上蹭来蹭去，像在给它"按摩捶背"，可它却稳如泰山的在水的中点停留着。

啊！多么有趣儿的小虾呀！它们给我的暑假生活增添了乐趣。

品　雪

夏　丽

噢！雪又下起来了。

"呼——"凛冽的寒风呼啸着，谁也想象不到，在这样的环境中，一个小精灵正踮着脚尖轻轻地降临了……

她就像一位圣洁的天使，挥舞着灵动的翅膀，慢慢地落下来。世界如此之寂静，似乎是为了欢迎这位天使的到来，让天使展现出她独有的风韵。

雪精灵降临到人间，人们盼望着这位精灵能为他们带来美丽。她悄无声息地落下来，使大地和树木都惊异于她的美，忍不住披上一件件"雪花服"，就连光秃秃的树枝上都压满了雪姑娘撒下的花朵。这时，人们就像来到了一个幽雅恬静的仙界，来到了一个晶莹剔透的童话般的世界。松的坚韧，白雪的冰凉，给人以一种冰莹莹的心灵的慰藉。一切都在过滤，一切都在升华，就连我的心灵也在净化，一切都那么纯洁，那么美好。

雪花的性格时好时坏，有的时候是一位调皮天真的小精灵，有的时候又是一位沉着矜持的天使，风也在不知不觉中成了她的舞伴，他们一起跳着舞，时而轻舞，时而狂蹈。

现在，她一改往日的淑女，变成了一个调皮的小精灵，她跟着风到处飞舞，无论在哪儿都有她的足迹。整个世界都被她带动起来，气氛异常活泼！风儿却更加调皮，她跳着"8"字舞，让小雪花旋转起来，"呜呼！"似乎能听见小雪花的欢呼声。

可是，你认为这样就够了吗？那你就大错特错了！小雪花觉得这样还不过瘾，便召集"家庭成员"一起来玩。转瞬间，只见天地一片白茫茫，房屋的白帽子久久不舍得摘下，屋檐上挂着长长的冰柱，树上裹着毛茸茸的雪，就连远处的小山，也穿上了银白色的婚纱，还一闪一闪的……

品雪，乐在其中……

冬 之 章

姚明俊

　　我喜欢美如一首童谣的春；我喜欢像一场曼妙舞蹈的夏；我喜欢似一幅美丽彩画的秋。但是我最喜欢的还是那若一篇永恒乐章的冬天，它韵味悠久，使我深深地陶醉。

　　我醉于冬之色。冬就如一位美丽清纯的天使，她带着一群雪花精灵悄无声息地来到人间。她以变幻无常的姿态来到这片大地，纷洒着如柳絮般的雪花。那雪花是如此洁白，如此无瑕，纷纷扬扬、飘飘洒洒，为我们塑造了一片银装素裹的世界，仿佛置身雾里，又似在云间，美不胜收。草地上、大树间、花丛中、江河里，都盖上了一层厚厚的白棉被，没人能想到，那竟是冰雪。万里江山在雪的装扮下变得粉妆玉砌、白雪皑皑。瞧！房檐上的冰雪像一条条闪闪发光的项链放置在一个暗灰的盒子上。那墨绿的松柏上，一朵朵"梨花"开得正艳；那圆形的花坛里，一朵朵红梅戴着"白帽"，显得妩媚动人。

我被这冬之色深深地陶醉了。

我醉于冬之声。虽是寒冬，狂风肆虐，耳畔不时萦绕着呼呼作响的风声，但是那大街上总不会失去往日的热闹。看！大街上，卖红薯的小贩在热腾腾的烤炉旁吆喝着，匆忙的路人疾步行走于雪地上，脚下发出"咯吱……咯吱……"的吟唱。"唰——唰——唰——"，原来是清洁工手握一把扫帚，正弓着腰清扫路边的积雪呢。不同韵调的声音在街道上此起彼伏，这些简单的声音皆是生活的声响、岁月的律动。我被这袅袅之音深深地陶醉了。

我醉于冬之味。凛冬已至，太阳出来了，照在人们的身上，觉得暖暖的。花盆里的蜡梅花迎着太阳微笑，香气四溢，清香扑鼻。闻一闻雪后天晴时的空气，是如此香甜，空气像被冰雪净化了一般，是如此清新。即将过年，家家户户都准备着年夜饭，火锅的鲜辣味，糕点的香甜味，烤串的孜然味……冬天的味道是儿时的记忆，是家的味道，是年的味道，是幸福的味道。我被这冬之味深深地陶醉了。

冬真是一篇让我陶醉的乐章，乐章中点染着清纯之色，乐章中渗透着袅袅之音，乐章中飘溢着浓郁的芳香。我反复吟咏着，仿佛灵魂也被净化了。

冬，圣洁而纯净；冬，晶莹而透明；冬，温柔而雪白。冬悄悄地来到四季的"选拔赛"中，它"躲"过春的温柔、夏的热情、秋的凉爽，用它平凡素雅的美，开始了它的使命。冬天，它撒下了甜甜的白糖，吹出了淡淡的寒风。冬把它准备了一年的礼物送给了快乐的人们，那洁白无瑕的雪光宛如一个个降临人间的天使，轻轻地飘落到厚厚的"棉被"上。

冬天，我爱你

顾一凡

冬，圣洁而纯净；冬，晶莹而透明；冬，温柔而雪白。冬悄悄地来到四季的"选拔赛"中，它"躲"过春的温柔、夏的热情、秋的凉爽，用它平凡素雅的美，开始了它的使命。

早晨，大地换上了雪白的棉袄，树上的"金色鳞片"落在了地上，小草也闭上眼睛睡觉了，绚丽多姿的菊花也凋谢了。可是，就在众花凋谢的时候，蜡梅正在怒放，用无数美丽的小花，吸引了人们的眼球。

下午，我邀请小伙伴来广场上玩游戏，我们踩着厚厚的"白糖"，奔跑着，欢笑着。我们欢乐的笑声在空中回响，愉快的脚步随着我们奔跑。小伙伴们用一双双冰冷的小手捧起雪球，朝着"敌人"打去，"敌人"们躲躲闪闪，几个回合下来，我们的身上都沾满了雪，每个人都像可爱的雪孩子，身上留着雪的回忆。

冬姑娘把欢笑带给我们，礼物送给我们，还把美好的祝福送给了千千万万的人们！冬天，我爱你！你们爱冬天吗？

冬天的美景

张怡文

冬天，虽然没有百花盛开的景象，也没有花红柳绿的身影，但是也有它美丽的一面。

冬天的脚步离我们越来越近了，小草无精打采的像打瞌睡的老奶奶，还有平时在大荷叶上"呱呱"叫的青蛙早钻到洞里冬眠了。银杏树和梧桐树的"黄衣服"纷纷落下来了，光秃秃的树干像秃顶的老爷爷在寒风中挺立着。只有几枝蜡梅悄悄地伸出了墙头，给这冬天增添了一分色彩。天气越来越冷了，天空灰蒙蒙的，转眼间，就下起了大雪，一夜之间，大地银装素裹，马路上，屋顶上，车顶上积了一层厚厚的白雪，远远望去，像铺了一层雪白的毛毯，不远处小朋友在雪地上玩耍，堆雪人，打雪仗。虽然冬天很寒冷，但是也阻挡不了小朋友堆雪人、打雪仗的心情。

啊！冬天真美，我爱冬天的美景！

奇 妙 的 冬

欧雨涵

当秋姑姑向我们挥手告别时，严酷肃穆的冬随之而来，喧闹的世界一下子变得安静了，各种昆虫也都销声匿迹。虽然冬天不像夏天那样，生灵尽显风姿，展示活力，也不像秋天那样，果实累累，落叶纷纷，但冬天却充满着神秘梦幻。

天空中跳舞的那一朵朵晶莹的雪花，就像是一个个精致的六角小精灵，像柳絮，像花，像蝴蝶，像鹅毛……雪，落在树枝上，屋檐上，各式楼房上，勾勒出不同风景的美丽，叶子落光了的树上挂满了洁白的雪花，风一吹，雪粒像玉石般洒落下来。

"遥知不是雪，为有暗香来"，临寒独自开放的蜡梅，在这冷清的景象中挺立，与风霜做着不屈不挠的斗争，这种精神多么可贵呀！被压在大雪下的青松，也傲然挺立，像一排忠诚的卫士，守护着这沉寂的家园。

冬天是孩子们最喜欢的季节。当雪花降临于世的时候，大地白茫茫一遍，我们穿上棉袄，在雪地上溜冰，滑雪，打雪仗，堆雪人……那滋味，甭有多美妙。

冬天，没有姹紫嫣红的鲜花，没有绿油盎然的草地，没有湛蓝澄清的湖水，但不是照样有欢乐的笑声吗？不照样有美丽的世界吗？冬季是美丽的季节，她像一位诗人，寒冷是她的尊严，向人们展示着她的性格，雪花是她的诗篇，向人们展示着她的美丽，寒风是她的舞蹈，向人们展示着她的魅力。

我爱冬季!

快乐而美丽的冬天

孙怡冉

　　美丽的冬天像一位身穿白衣裳的小姑娘迈着轻盈的步伐向我们走来。清晨，太阳刚刚升起，不一会儿就躲进了云层里，还冻得直打哆嗦。

　　中午，天空乌云密布，不一会儿就下起小雪来，开始是零零落落，逐渐下起了鹅毛大雪，大片大片的雪花在空中慢悠悠地飘着，像一个个穿着白色衣裙的小天使从天而降。

　　雪停了，外面一片白茫茫好像一位粗心的画家，不小心把白色颜料撒了满地。有一些植物一到冬天就枯死了，可青松和梅花依然挺拔，就像一位站岗的士兵。

　　冬天也是个快乐的季节。小朋友们一个个都到外面去打雪仗、堆雪人，顿时，雪地里荡漾着孩子们的笑声。

　　啊！冬天，你不像人们想象的那么无情、可怕，你不像春天的雨，夏天的雷，秋天的风那样喧哗，你是与众不同的。我爱你冬天！

天空的眼泪

书的世界很精彩

杨千寻

我走进图书馆，深呼吸，慢慢地走到书架前，抽出一本散发着油墨香味的书。

四周，似乎是安静的，但是书的世界里，却热闹无比。

我静静地看着那本书，认真地读着，沉浸在那曲折的故事中。我轻轻地翻着页，生怕惊扰了其他人。书页发出轻微的摩擦声，"嚓嚓！""嚓嚓！"声音很小，却能听出我的激动，能听出我对下一页的期待。忽然，我翻书的声音变得沉重了，缓慢了，因为我读到了书中悲伤的故事，我很难过；过了一会儿，我翻书的声音又忽然清脆起来，带着如释重负的感觉，原来是主人公逢凶化吉了！

"咯咯咯！"一个五六岁的小姑娘，睁着天真无邪的大眼睛，正在专注地看着一本图画书，时不时发出几声清脆的笑。"哗！""哗！""哗！"小姑娘一页页地看着，不漏掉一页。她看得仔仔细细，似乎这本书是她的知识宝库，要好好阅读呢！她的翻书的动作是慢悠悠的，伴着"哗哗"的响声，很认真，好像是小孩子好听的笑声。那本书，一定为有这样的读者而自豪吧！"哗哗！"一浪推一浪，结结实实，一点儿也不漏。

"沙沙沙！"那边，传来急切的翻书声。一位头发花白的老教授，正在阅读着一本厚厚的物理书。他快速地翻着，快速地浏览着。忽然，沙沙声停了下来，原来是教授找到了需要的那一页。他停下来，细细地阅读，紧皱的眉头渐渐舒展。

认真阅读吧！对于每一个人来说，书中都会有美好而精彩的世界！

天空的眼泪

徐梦琳

一天，天上掉下了一滴水，掉在了小溪里，震惊了小溪。小溪抬头望了望天空，看天空是晴朗的，也没怎么在意。夜里，又有几滴水掉在小溪里，惊动了睡梦中的小溪。小溪非常奇怪，揉揉眼睛，就东看看，西看看，可是仍然没有发现什么东西呀，只看见无边的夜空中还闪烁着明亮的星星。它自言自语道："到底是什么东西呢？真奇怪！"

天空听到了，扯着嗓子对小溪说："小溪，你好！"小溪回答说："天空，你好！""小溪，已经是深夜了，你为什么还不休息呀？"天空关心地问，"你是不是有什么心事呢？"小溪说："我没什么心事，刚才我睡得正香，可是几滴水掉在我身上，凉丝丝的，打断了我的美梦呢！"天空不好意思地回答道："是我哭了。"小溪惊奇地说："你为什么要哭呀？"天空更悲伤了，边哭边说："因为地球上的人类都不重视环境保护，汽车的废气、工厂的有毒烟雾等都直升上了天空，这些毒气越升越高，把我纯净的脸污染了，我怎么洗也洗不干净。现在这些毒气越来越多，熏伤了我的眼睛，我的眼睛又疼又痒，好难受呀！我实在是忍受不了了，才掉下了眼泪。"说着说着，天空又忍不住失声痛哭起来……

小溪听后，也流下了伤心的泪水，说："对呀，人类也污染了我。我本来是清清爽爽的，那时我的朋友可真多呀！小鱼儿整天在我这里快乐地玩耍，虾儿和螃蟹也经常在这里捉迷藏，这里笑声不断。夏天时，有许多小朋友来这里嬉戏……可现在，工厂的废水都排放在我身上，人类的垃圾也扔在我身上。你看我，全身都乌黑乌黑的，臭气冲天。有的小鱼都被毒死了，还有的小鱼都搬家了，它们游向了广阔的大海……我都没有朋友了……"

小溪伤心地说不出话了。天空说："小溪，我们都别哭了，哭是没用的。让我们想个办法，让人类知道自己错了，让他们懂得保护环境的重要，好吗？"小溪高兴地答应了。于是，他们都回去睡觉了。

几天后的早晨，天空唤醒了白云和小溪。天空先让白云聚在一起，用自己的身体组成"保护环境"四个字，让那四个字映在蓝天上，特别醒目。而小溪也用水波组成"保护环境"四个字，这四个字波光粼粼，在太阳公公的照耀下十分美丽。天空、小溪、太阳公公、小花……看见这些字，都乐开了怀，它们相信它们的未来是美好、幸福的……

假如我是环保局长

李佳铭

假如我是环保局长，我要做的第一件事，就是整治县城的玉带河。在我居住的县城里，有一条玉带河，河内常年流淌着黑水，并散发出阵阵臭气，行人每次从河旁经过，都得掩住口鼻。听妈妈说，玉带河是县城里一条古老的人工河，因为人们经常往河里扔垃圾，又很少清淤，久而久之，变成了现在的样子。我想，假如我是环保局长，首先我要禁止河两边的下水管道再向玉带河排放污水，污水要全部排到污水处理厂；接着我要让工人们把玉带河的淤泥全部挖出来，将万佛湖清澈的湖水注入玉带河中，再在河岸种上绿色植物，既可以防止水土流失，又可以美化环境。假如我是环保局长，我要让玉带河变成一条真正的"玉带"。

假如我是环保局长，我还要努力减少噪声污染，还大家一个安静、舒适的环境。每天清晨，我家楼下总会传来阵阵汽车喇叭声，还有摩托车的轰鸣声，这些噪音将我从睡梦中惊醒。上学和放学的路上，店铺里大声播放着各种流行音乐，或者是"大降价、亏本大甩卖"的吆喝声，声音此起彼伏，吵得行人头昏脑涨。晚上，当我要睡觉时，楼下还有人在大声喧哗着，害得我久久不能入睡。假如我是环保局长，我要让行驶的车辆都装上消声器和符合规定的喇叭，我要让工作建造房屋时多使用隔音材料，让商店降低播放广告的音量，或者干脆禁止商家发出大的声响。

小小的天大大的梦

孙思源

一场春雨过后，燥热的空气变得湿润了。天地间的不安与嘈杂也都被雨水冲刷得消失殆尽。只有几片叶子上的水珠与大地做着不一样的拥抱。此时，我定会在房屋前后寻觅到几条爬行后的痕迹，它背着小小的行囊，脚步浪迹天涯。是否它们和我们一样，也同样有颗赤子之心。蜗牛，这个我们熟悉又陌生的动物，它们的一生似乎都在行走的路上，进行着一场说走就走的旅行。田间小路，山野，树林，森林间，都遍布着它的足迹。在当今的社会，这个信息化、效率化的时代，"快"似乎走进了人们生活中的字典，而它，用坚持书写着：只要努力，慢一点也没关系。与之相同，如果结局是美好的，过程怎么艰难都没关系，因为有天，因为有梦。

小小的天，大大的梦，这个有梦的家伙几乎分布在世界各个角落。蜗牛属于雌雄同体，异体交配的动物，所以小蜗牛一般六个月长大成年。从出生的那一刻起，它就必须为生存而战，为生存而斗争。这是自然之道，更让人会敬畏生灵。

蜗牛，这个小小的生灵，它的一生都始终行走路上，它具有很高的价值，被称为"软黄金"。这个胆小的生灵正在被世人熟悉和认同，而它那个小小的旅行箱更使一批又一批的农民找到了发财致富的好路子。谁还能否认这行动缓慢的家伙，它引领着人类向一个新领域一个美好的明天前进呢？

"我要一步一步往上爬，在最高点乘着叶片往前飞，小小的天，有大大的梦想，重重的壳托着轻轻的希望"，这是它的真实写照，更是值得所有人仰望的高度。

学做一只蜗牛吧，或许行动缓慢，或许道路漫长，但只要心中有梦，路始终会在脚下延伸，只要心中有梦，花开就在不远的前方。

这件事让我难忘

袁志玮

傍晚，昏暗的天空中次第亮起了许多星星，有的忽闪忽闪的；有的发出了淡淡的光……这时，我发现了一颗璀璨无比的星星，这颗星星让我想到了几年前最难忘的一件事……

那是发生在暑假的事。那一天，小姨夫去钓鱼，被调皮的我看见了，便吵着闹着也要去，闹得小姨夫没有办法，只好带上我去钓鱼。在去鱼塘的路上，我又蹦又跳，开心极了。不一会就到了鱼塘，清澈的塘水波光粼粼，水底时不时冒几个气泡泡，蹿上来几条小鱼，让我激动不已。

过了一会儿，小姨夫教我把蚯蚓穿在鱼钩上面，再把鱼钩和线系好，然后就把鱼钩使劲向塘中间扔出去。我不安分地坐在绿油油的草地上，不一会儿，我就不耐烦了，一会儿去捉蚂蚱，一会儿去鱼塘边扔小石子。"咣"，我在捉小蚂蚱的时候，不小心把小姨夫放鱼用的小铁桶撞倒了。呀！许多鱼在草地上活蹦乱跳，好像想重新跃回水里生活，这被小姨夫发现了，赶紧手忙脚乱地把垂死挣扎的鱼抓起来，放进铁桶，小姨夫没好气地问我："你钓了多少鱼呀？"我顿时脸红到了脖根，低着头，不敢回答。"来，我教你钓鱼。"我只好乖乖地坐在地上，专心致志地听小姨夫讲解钓鱼方法。

小姨夫教过之后，我拿起钓鱼竿等待着鱼儿上钩。忽然，鱼竿在微微晃动，我急忙把鱼钩拽上来，定睛一看鱼钩，咦？怎么什么都没有？小姨夫又来到我身边，说道："鱼线在微微晃动的时候，千万不要拉鱼钩，一动它会跑，等鱼漂沉到水面下，迅速起竿准能钓到鱼。"我听进去了，连连点头，又开始全神贯注的钓鱼了……

经过了不懈的努力，我终于学会了钓鱼。在回外婆家的路上，我明白了：做任何事情都要有耐力、有技巧，这样才能有所成就。

摘　葡　萄

张舒尧

上午，学完钢琴课，爸爸说："我们去鸿翔生态园摘葡萄吧！"我一蹦三尺高，高兴地说："好的，咱们出发吧！"

爸爸开着汽车，不一会儿，就到了葡萄园。我们看到了许多白色大棚，白色大棚里种植了好多葡萄。大棚外面还披了一层细密的网。爸爸问老板："为什么要围网呢？"老板说："围了网，小鸟就吃不到葡萄。如果没有网，这些葡萄早就被小鸟吃光了。"原来，这层网是用来保护葡萄的。

老板带我们走进大棚里。哇！一排排葡萄树，真美啊！葡萄树上挂满了一串串水灵灵的大葡萄。有紫色的，有金黄色的，有翠绿色的，还有淡绿色的。老板告诉我们，金黄色的葡萄最好吃。我找了两串金黄色的葡萄，用剪刀轻轻地把葡萄剪下来，放到筐子里。葡萄香气扑鼻，我忍不住尝了两颗葡萄。果然香香的，甜甜的，好吃极了。我们摘了满满一筐葡萄，老板用秤称了葡萄的重量。我们付完钱时，老板笑眯眯地说："我送你们一串'阳光玫瑰'尝一尝吧。"我们都觉得这串葡萄味道很特别，葡萄里有一股浓郁的玫瑰花的香味。

今天，我亲手摘了葡萄，又吃到了香甜的葡萄，开心极了。

小小的书架

吴雨桐

在我的小屋里有一个"老师"，它也可以说是我的好朋友——书架。

这个书架是爸爸去年给我买的。它是由五块打磨得十分光滑、平整的木板架在几根钢条上组成的。每当清晨，金色的阳光透过窗户，洒在我的书架上，显得我的小屋格外的温馨。

自从有了这个书架，我的课外书是越来越多了，每当我写完作业，我就会从上面拿下我所需要的课外书来看。就这样日复一日，我看的课外书已经多得数不胜数了，让我丰富了课外知识。

这个书架穿着一身橘黄色的外衣，瘦高的身材，分为上中下三层：下面一层放着写作类的书籍，中间一层放着我最爱看的童话书，最上面一层放着科普类的图书。

　　每当我为老师布置的作文而犯愁时，下面一层的作文书就"跑"到我的手上，帮我解决问题。他们告诉我写作的秘诀，为我提供优美的词句。有了他们的帮助，我的写作能力大大提高了，作文再也不感到头疼了，写作起来那是游刃有余，下笔如有神。

　　每当我心情不好时，中间一层的童话书就"跳"下来为我解忧，看着看着，我仿佛成了童话世界里的主人公，顿时我的烦恼便烟消云散了。

　　我的小书架，自从有了你的陪伴，我的学习、生活充满了乐趣。我喜欢你。

沉甸甸的一元钱

黄璟琬

随着生活水平的提高，一元钱，在当今人们的眼里实在是太普通了。是啊，一元钱可以做些什么呀？连买一个相对好点儿的面包都不够！可就是这在很多人眼里微不足道的一元钱，在我的心里却有着很重很重的分量，因为，这系着一位阿姨沉甸甸的真情。

那是一个星期天的上午，我准备搭乘着公交车去慈母宫参加比赛。车到站了，我迫不及待地跳上汽车，我刚想从口袋里掏出两元钱买票，可是往口袋上一摸，咦，怎么只剩下一元钱了？妈妈出门前明明丢给了我四元钱的呀！我急了，翻遍了口袋还是没有！糟了，一定是刚才跑得太急，丢了钱了。怎么办？

回去拿钱吧，肯定来不及，会误了比赛的！我一时手足无措，冷汗直流。这时，司机不耐烦了："小孩儿，快

天空的眼泪

点儿！没钱就下车！"怎么办？怎么办？不争气的我泪水开始涌上眼眶，我呆呆地站在车门的梯级上，用哀求的眼神望着司机，希望得到他的怜悯。

正在这时，身后响起了温柔的声音："小朋友，怎么啦？钱不够吗？"身边一位扎着马尾辫的阿姨关切地问我。我难过地说："钱丢了，只剩下一元钱，坐不了这趟车，我比赛就要迟到了。""别急，阿姨还有一元钱，来，给你补上车票。"望着阿姨亲切的微笑、诚恳的眼神，我感激地接过阿姨手中的一元钱，一股暖流一下子涌上心头。

就这样，伴着阿姨体温的一元钱，我心里暖暖地走进了赛场，一举获得成功！

在这人情日益淡漠的今天，这看似极其普通的一元钱，却体现着不平常的温情。因为它奏出了人与人之间那份潜在的关爱之歌、温暖之曲。这一元钱的情意在我的心里也不断地生根发芽……

肉和蔬菜的辩论会

陈思源

周末，妈妈去菜市场买了许多肉和蔬菜，她把它们放在厨房里，准备明天中午烧一桌大餐。可是，就在这夜深人静的夜晚，它们间发生了一次非常激烈的争吵。

争吵的"人"一边是蔬菜，一边是肉，它们在争论谁才是最有营养的食物。大米跑来劝它们不要吵，可它们不听，偏要进行辩论会。这次重要的辩论会，肉家族派出了猪肉、牛肉、鱼，而蔬菜家族则派出了西红柿、胡萝卜、茄子。随着各家人员到齐，辩论会开始了。首先，蔬菜家庭先发起了进攻。西红柿说："我们西红柿含有大量的维生素E，可以让小朋友们的皮肤更加洁白，美丽。"猪肉摇着肥肥的身体也不甘示弱地说："谁说我们肉类中有脂肪，就没有营养？其实，我们肉类的营养可多了！比如我，可以给人类提供许多蛋白质。"胡萝卜一听，就不服气了，说"我们含有最多的维生素A，可以保护小朋友们视力。"牛肉愤怒地说："我们牛肉含有维生素B和大量的锌，小朋友们吃了，可以增加力气，强健身体。"于是它们就这样你一句我一句争得面红耳赤谁也说服不了谁。

最后，还是碗伯伯来主持公道，它说："你们怎么能这样呢？你们各有各的营养，人类的健康需要均衡，你们对于人类一样重要，一个也不能少，你们应该和睦相处，共同维护小主人的健康。"听了碗伯伯的话，所有的肉和蔬菜都惭愧地低下了头。

我喜欢的水果

吴宇豪

我喜欢的水果很多，就像天上的繁星一样多，比如西瓜、香蕉、苹果……但是要问我最喜欢吃的水果，那自然是非西瓜莫属啦！

西瓜有椭圆的，也有圆形的，上面布满深浅不同的绿色花纹，像穿了迷彩服胖娃娃兵一样。他们的头上还常常留着一个带小刺的"辫子"，显得那样俏皮可爱。

有一次，天气非常炎热，暑气难耐。妈妈抱回来一个又大又圆的西瓜，我迫不及待地把它冲洗干净，放在桌子上，拿起水果刀，顺着身子切了下去。只听"咔嚓"一声，西瓜一分为二，鲜红的果肉露了出来，汁水已经流到桌子上，一颗颗西瓜籽静静地躺在里面，像红宝石里嵌着一粒粒黑珍珠，又像赤色的湖水中游着一群群大脑袋的小蝌蚪。看到这里，让人迫不及待地把西瓜放入口中，甜甜的，凉凉的，一直流淌到我的心里，也甜透了我的心窝。那味道让人吃了回味无穷！

西瓜浑身都是宝，西瓜皮、西瓜籽都有药用价值，它不仅可以解暑，还能美容。

灭 鼠 记

李佳豪

　　早晨，我照镜子时，看着镜中我越来越严重的黑眼圈，不禁心中暗暗发狠：那群可恶的老鼠，深更半夜折腾个不停，叫得我不得安宁，我一定要灭之而后快。

　　晚上在父母睡着后，我将所有房间都撒了一层面粉。早晨，我很早就起床，果然在书房地板上发现了一连串小脚印，并且听到"吱吱吱"的细小声音。我连忙拿起一个羽毛球拍躲到门后面，躲在墙角观察动静，只见从书桌缝隙处探出一个古灵精怪的小脑袋，灰溜溜的，特别是一双贼眉鼠眼的小眼睛，看到我时，嘴中的"吱吱"声响个不停——这只可恨的老鼠，都快一命呜呼了还这样不知快活。

　　我一拍子打过去，震得我手臂都麻了，可一看连老鼠的尾巴都没挨着。我决定以退为进，在门前放了一只火腿肠，在火腿肠前后左右各放了一张粘鼠板，决定守株待兔，心想着"小可怜，这次一定得逮着你，哈哈"，我不禁暗暗得意。

不久之后，我迫不及待地冲进书房，心想这次一定大功告成。没想到没逮到老鼠，倒是给了我迎头痛击，原来冲进书房时太过激动，忘了书房门口我刚刚放的杰作，导致满脚都是粘鼠板。真是偷鸡不成蚀把米，我花费了九牛二虎之力才把鞋子清理干净。

经过此打击之后，我总结之前的教训，一边在书房各拐角铺上粘鼠板，一边拿着羽毛球拍就开始进行疯狂的扫荡，一阵猛打，左一棒，右一拍，打得我自己都分不清东南西北，头脑混乱。正在找食物的老鼠估计被我的疯魔吓破了胆，也开始四处乱窜，整个房间被我俩弄得鸡飞狗跳、乌烟瘴气、一片混乱。最后，那小可怜还是没躲过我在墙角设下的机关，被粘鼠板粘住了脑袋，并不停地想逃离这种束缚。哪想，它越挣扎越被粘鼠板的强力胶固定的更加紧密，最后一动不动乖乖地任我处置。

我累得气喘吁吁，感觉跟大战了一场似的，清理了老鼠和一片混乱的房间，最后在沙发上葛优躺。抓老鼠真不容易，哎哟！可怜了我的小腰。

钓鱼趣事

秦佳妮

好多孩子可能喜欢钓鱼，我也一样，但我从来没有钓过鱼。终于，有一天，我钓鱼了。

那是中秋节，我、爸爸、妈妈、小姨还有表弟我们一起回老家。我到家时，哥哥已经到了。我看见他拿着一个小箱子，就问："那个小箱子是什么啊？""哦，是钓鱼箱。下午我去钓鱼，你和弟弟来吗？"他问。"当然来啦！"我高兴地回答。

下午，我和弟弟迫不及待地催促着哥哥去钓鱼。哥哥说："等一下，我们先去挖蚯蚓，要用蚯蚓做鱼饵。""好吧。"我们只好说。哥哥带我们来到一块黑泥地，他指着泥土说："挖蚯蚓吧，想要钓鱼得按我说的做！嘿嘿……"这完全是在刁难我们！但是为了钓鱼，忍忍吧！我和弟弟用铲子在地里乱挖起来，哥哥给我跟弟弟用一个一次性的水杯来装蚯蚓，等我和弟弟挖好了一小杯蚯蚓后，催着哥哥快点带我们去钓鱼。哥哥看到我们完成任务后，就带我们来到了一个大池塘边，旁边已有两三个人在钓鱼。当我们第一次丢钩时，钩子挂到了树。幸好树离岸边近，我们轻松地把它拿了下来，第二次又钩到了那棵树了，第三次也是，第四次也是……旁边的几个人嘲笑我们："小孩别钓鱼了，丢人现眼！哈哈哈……"哥哥生气地说："哼！别小瞧人。我们一定会钓到鱼的！走，换个地方！"哥哥又带我们到大人平时洗菜的地方钓起鱼了。这次很顺利，钓到了好几条鱼。我们把鱼拿给刚才嘲笑我们的人看，他们看了，说："嗯，刚才的话我收回，对不起啦，小朋友们。"

这次钓鱼真开心啊！

带"饭团"

程宇航

暑假里，发生了许多愉快的事情。今天，我就给大家讲一个令我印象深刻的一件事吧。

暑假里的某一天，在北京工作的小姑一家回来了，小姑怀里抱着个小妹妹。小妹妹的小名叫"饭团"，饭团才九个月大，虽然小，但看上去很机灵，长长的眼睫毛，两只水汪汪的大眼睛，皮肤雪白雪白的，肥嘟嘟的小圆脸，一看就想捏一下，可爱极了。

小姑一家暂住在我家。一天，爸爸妈妈和小姑、姑爷要去办事，不能带饭团。于是把带饭团这个艰巨而伟大的任务交给了我。临走时，妈妈叮嘱我说："儿子，把饭团看好了，我们一会儿就回来。""知道了，知道啦！"在一旁和饭团玩得不亦乐乎的我说。爸爸他们走了，我立即打开电视机调到动画片频道，和饭团津津有味地看了起来。可是，饭团太小，不喜欢看电视，突然大哭起来，我吓坏了，赶紧扮鬼脸哄她，又把她抱起来逗她，可是饭团还是不停地哭叫。"难道是饿了？"我一边嘀咕，一边笨拙地给饭团冲奶粉，用嘴巴试一下牛奶的温度，刚好，然后把牛奶端到她面前，她抱着奶瓶就吸，看来真的饿了，她在奶瓶见底时松开了奶嘴头，发出了一阵满足的笑声。我也开心极了说："嘿，带娃这事儿难不倒我。"

过了一会，我闻到空气中弥漫着一股臭臭的味道。我急忙寻找着臭气的源头——饭团身上。我把饭团抱起来放在地毯上，打开"尿不湿"，一股臭气弥漫开来，原来是饭团拉了便便。我学着小姑的样子把"尿不湿"用两根手指拎着，翘起了"兰花指"，捏着鼻子丢进了垃圾桶。用湿巾纸擦干净，换上了干净的"尿不湿"，由于笨手笨脚，我忙活了好长时间，忙得满头大汗才弄好。

唉，带娃不易，养娃难。我现在终于知道爸爸妈妈的辛苦了。

我最不喜欢的事

胡轶然

要说我不喜欢的事，有很多很多，但要说"最"反感的，可以说就是坐车了。

我晕车，非常非常的晕车，那种头晕恶心，肚子不舒服的感觉十分难受，现在想想都有些后怕。前几天，由于学校统一组织跳足球操要去舒城二中表演，学校特地雇来了四辆大客车送我们去，这可让我遭了罪。

星期六早上八点，我们在学校集合。等学生都来齐后整队上车，我也赶紧挤上了一辆客车，上车后才发现座位都满了，只有一排吊环还没有人碰。我硬着头皮，一只手紧紧拉住吊环，站在过道，像要把吊环扯断似的拉着，暗暗给自己打气：你一定行的，加油！

车门缓缓地关上，坐在前面的司机也缓缓地启动了客车。望着那些谈笑风生的同学们，我多想成为她们其中的一员啊！但我太晕车了，连说话的力气也没有。大客车右转弯时很慢，但我的整个身子还是不听使唤地向左倾倒，肚子感到十分恶心，头也开始晕起来。天哪！前面有个红绿灯，人们都说"晕车最怕红绿灯"，而今天恰好是星期六，人很多，大客车走走停停，停停走走。我强忍着要吐的冲动，望着路两边不断变换的美丽景色，却无心欣赏。心中默默祈祷：快点到，快点到吧！

终于，在忍受了九分多钟的痛苦后，客车抵达了二中，我赶紧蹦下车，大口大口呼吸着新鲜空气，感到从未有过的畅快。

现在你明白我为什么不喜欢坐车了吧？那么恶心，想吐的感觉太令我厌恶了。不过，虽然不喜欢，但我也会适当地坐坐车锻炼一下，相信在不久的将来，我一定会克服晕车的！期待中……

去 湖 南

韦梦婷

暑假到了，我和妈妈、妹妹去了舅妈的家乡——湖南。

我们坐火车，早上出发，晚上十点多钟才到达目的地。一下火车，我就吃了湖南最有名的小吃——长沙臭豆腐。臭豆腐真的像传说中的那样闻起来臭，吃起来香，就是很辣。但是真的很好吃！

几经转车，终于到了舅妈家的村子，这里很漂亮！几乎每家每户都栽种着荷花，大片大片的荷花盛开在池塘里，就像小公主一样美丽可爱。粉红的小脸蛋，下面还穿着碧绿的小裙子。荷花有各种各样的颜色，有粉色，有红色，有白色，好像一场比美盛宴。

舅妈的家乡还有个知名的深水潭，叫作碧泉潭。碧泉潭里的水很清澈，还很冰，那里的水是常年流动的活水，村里面的人们在里面洗衣服、洗菜、刷锅洗碗。小孩子在潭水里游泳玩耍，我也在里面游泳了，很开心！

　　我还去了毛爷爷的故乡——韶山！我看到好多从来都没有见过的东西，了解到了一些革命历史，还了解到先辈的生活是多么的艰苦。他们为了革命理想，不惜抛头颅洒热血，无数烈士用鲜血和生命才换来了今天的幸福生活，所以我们要珍惜今天来之不易的美好生活。

妈妈，我想跟您说

张文军

妈妈，我要告诉您一件事，这件事一直埋藏在我心里许久。所以我借这次机会告诉您。

您每天给我检查作业，错题您给我耐心地讲解和订正，我却不能理解您，反而和您闹脾气。这一点是我不好，妈妈，十分抱歉，我错了。在这次的数学月考，我只考了"87"分，这鲜红的"单数姐妹"好像在嘲笑我。回家时，您看到我闷闷不乐，无精打采的样子就知道我没有考好。吃过饭后，您让我拿出试卷帮我找到了错题所在的原因——粗心和没有仔细读每一道题。最后您还鼓励地说了一句："妈妈相信你，在期中考时一定能考出满意的成绩"。妈妈您的辛苦我看在眼里，疼在心里。我每天早上醒来的时候，总是可以在厨房看到一个忙碌的身影，那就是您——我亲爱的妈妈。妈妈您起早贪黑的为我做饭，每天还要接我放学和送我上学。回到家您还要洗衣打扫房间，把家里布置得井井有条。

妈妈，您是多么的爱我呀！现在我长大了，懂事了，不会让您操心了，我会好好学习，用自己的成绩来报答你的养育之恩，我真诚的告诉您："妈妈，您辛苦了，我永永远远，无论在何时何地都不会忘记您的养育之恩！谢谢您总是给我温暖的母爱！"

唉，可怜的英语！

何悠然

我最不喜欢的事就是学英语了。什么abcdefg，看着就头疼。字母就像一只只小虫子，在树上爬来爬去。这还不说，它们还请来了句子、文章、单词……来大杂烩，一起挑战我可怜的脑细胞，真是讨厌！

学英语的悲惨，还要从我三年级说起。三年级英语入门是最重要的时刻。可我根本不把英语放在心上，我只待在大中国，什么英国留学与我八竿子打不着。老师讲课基本上没听，心又想英语有啥难的，不就是几个字母吗？只要我想学，凭我的智商不在话下。再说了，英语又不考试，不就是占了语文和文数学几节课吗？后来，我发现我错了，期末考试英语试卷发下来，我傻眼了，只能靠抓阄定答案，结果连及格分都没拿到。爸爸妈妈苦大仇深的捏紧拳头要同仇敌忾揍我，吓得我屁滚尿流，他们一致决定：排除万难，让我课外学英语。当天就明确分工，妈妈买回来本《新概念英语》，爸爸负责来教我，真是讨厌！

《新概念英语》也真是难啊！主语、谓语、宾语……统统上阵，对不过呀！老爸还让我背课文，背单词，我真的讨厌英语，讨厌！我抗议、抗议，但每次抗议均无效。每次学英语时，我和爸爸都默默打着冷战。我一边哭一边磨洋工，老爸则在一旁念经般督促我，日日如此。好不容易熬过了妈妈买的两本《新概念英语》，正在暗暗地高兴，解放了！突然一本面带"笑容"的七年级英语向我飞过来，差点让我魂飞魄散，真是讨厌！

那本七年级英语课本，看封面好似简单，打开一看吓死你，全是单词。唉！逃不掉的，只好乖乖的加油背呀！还好，英语书上的许多单词，我在《新概念英语》上背过了。万幸，万幸！慢慢地，我发现七年级英语也挺简单的，不是超难，除语法之外。现在我又在重温音标，那才是厉害的毫米牌的小虫子……真是讨厌！

一分耕耘一分收获。在我与爸爸的努力下，我已经能阅读一些简单的英语短文了，期末考试英语也获得了"优"。现在，我还是讨厌学英语这件事，但总比一开始好了那么一点点。我和老爸依旧在学英语时打冷战……

唉，可怜的英语！

研学中山陵

刘漫天

　　每个人都会经历许许多多的事，有开心的事，有生气的事，有伤心的事，有高兴的事，这些事都是人生一道道风景、一段段回忆，伴我们成长。有一道"风景"最令我难忘，也最令我高兴。

　　那是去年的暑假，我看了一本书，上面有描绘南京中山陵雄伟的气势、壮观的景象的内容。自那以后，我便天天渴望能一睹中山陵的风采。终于有一天，妈妈对我说："明天我们去南京中山陵玩吧。"我听了，一蹦三尺高，激动得一夜没睡好。

　　第二天，我们来到了中山陵。首先映入眼帘的是那烫金大字"博爱"！这字苍劲有力、恰到好处。虽然没有见过孙中山先生本人，但从这二字中，我已经想象出孙中山先生那亲切的脸庞，感受到他那忧国忧民的红心了！

中山陵共有三百九十二个台阶，代表着"三民主义""九州方圆""两党合作"，还暗喻当时中国三亿九千两百万同胞。从下往上看，只见台阶不见平台，代表着革命的道路是艰难坎坷的；从上往下看，只见平台不见台阶，这表示着伟人的视野多么开阔！

登上高处，极目远眺，看到的是一片秀丽河山，绿色掩映着大街小巷，仰望天空，纯净如宝石，静下心来，还会听到鸟儿在歌唱……

孙中山雕像前，有人啧啧赞叹，有人默默许愿……孙中山先生戴着眼镜，捧着书，面向东南方向，那是希望台湾早日回到祖国的怀抱！

这次旅行实现我盼望已久的愿望，感受到孙中山先生伟大的革命胸怀，学到了许多书本上没有的知识，真是一次难忘之旅、研修之旅。

超级大蛋糕

俞季菲

　　暑假生活是丰富多彩的。在这个美好的假期里，我经历过许多事，有快乐的，有悲伤的，当然也是会有烦恼的。但我亲手做超级大蛋糕这件事，不但有趣，还让我明白了深刻的道理。

　　暑假的一天，我正在看科普书，发现书中有介绍生活小知识的章节，用电饭煲做蛋糕的教程。我看了发现很有趣，我就对妈妈说："妈妈，快看，这本书的最后一页，告诉我们怎么用电饭煲做蛋糕，你看这些材料，我们家里都有的，我们可不可以尝试做蛋糕呀？""当然可以啊！这不仅可以考验你的动手能力，还可以考验你的耐心。"妈妈说。说干就干，我先拿了两个干净的盆子，然后又分别拿了低筋面粉、牛奶、三个鸡蛋和一小壶油，准备工作完成，接下来就开始做蛋糕了。

　　我先把鸡蛋打开一个小洞，让蛋清慢慢流出，和蛋黄分开，然后向装有蛋清的盆子里倒入牛奶和面粉，按顺时针的方向旋转搅拌着，书上说，一直不断地搅拌，最终会打成我们需要的奶油状。我心想，这个还不简单，就是一直搅拌好了。可是真正操作起来就没想象的那么容易了，我搅了十多分钟，还是没有搅成奶油状，于是我灰心了，打起了退堂鼓。这时妈妈在一边，鼓励着我说："刚才是哪个小朋友提出要做蛋糕来了？现在就不想做了呀，咱们做什么事要有耐心，对不对？"听了妈妈的话，我又铆足干劲，重新开始了。这次，我继续按顺时针的手法搅拌了半小时，虽然手已经酸的不行，但终于还是搅拌好了。接着，我按书上说的把蛋黄搅成蛋液，加了一些面粉，然后分次把蛋黄倒入蛋清中，另一个手再均匀搅拌着，最后把搅拌好的糊状液体倒入电饭煲里，把盖子盖上。到这儿已经完成了一大半了，再按下蛋糕键，等待半小时后，打开盖子，蛋糕已经初步成形了。为了更好吃，我又切了一点苹果丁放入蛋糕中，用牙签在蛋糕上戳几个洞，再盖上煮几分钟。过了几分钟，香喷喷的蛋糕终于出炉了。我迫不及待地切了一块给妈妈吃，妈妈尝了一口，直接竖起了大拇指，夸我做的蛋糕很好吃，是她吃过最好吃的蛋糕了，因为这是我亲手做出来的，外面蛋糕店买不到的哦！我听了甭提有多高兴了。

亲手做大蛋糕这件事，给我留下了深刻的印象，它使我懂得了一个道理：做任何事，只要不怕困难，不放弃，耐心等待，就能成功。

不和谐的音符

刘雅琦

地球是个大乐章，每一个人都代表着不同的音符，组成了一首又一首动人的乐曲。当然有一些"不和谐的音符"在大乐章中捣乱……

吃过晚饭，我随手翻开爷爷的报纸，看见《民间晚报》《清晨买水果万元真钞变假钞》《老奶奶晕倒，只有袖手旁观吗？》《没钱学生竟劫持出租车司机》……看了这些，我不禁打了个寒战，作为一个文明城市，这些不和谐的音符真让人揪心。

昨天下午，我也见到了这样一幕：因为卖菜人把剩下的芹菜扔到了地上，有个老奶奶拿着拐杖，慢吞吞地走到芹菜旁边，弯下腰，将芹菜捡起来，拍拍灰。正准备放进包里时，那位卖菜人立刻跑到老奶奶旁边，抢走她手中的芹菜，扔到地上，踩了两脚后，以迅雷不及掩耳之速将芹菜扔到了垃圾桶中，然后睁大眼睛瞪着那位老奶奶。老奶奶指着卖菜人说："你……你……""你什么你啊？这是我的菜。交了钱才能拿走，听见了没。"卖菜人凶狠地说。老奶奶都快要被气晕了。这时，一位热心市民喊道："你都把芹菜给扔了，她凭什么不能捡？"卖菜人却振振有词地说："你有钱，你大方，你怎么不买点菜给送给她。""这真是太没道德了。"我小声嘀咕着。不料，却被他听见了。他指着我说："你小孩儿懂什么呀！大人的事你少管。"

作为文明城市的一位小公民，我真想大声呼喊："人们啊！多一分善良，少一分凶恶；多一点儿文明，少一点儿粗鲁，让文明城市真正文明起来吧！"

小 笼 包

葛子莉

星期天，妈妈说要带我去吃小笼包，我十分激动，一想到马上可以吃到美味的小笼包，我十分开心，心情变得特别好，兴高采烈地一边哼着歌，一边和妈妈来到了包子店。

坐下不久，服务员就端上来一笼小笼包和两碗汤。我迫不及待地掀开盖子，只见一个个小巧玲珑的包子整齐地排在笼屉里，它们身着晶莹透明的外衣，透过这层面皮，你能看到里面的肉馅，能感觉到里面的汤汁在流淌，仿佛手一碰面皮，里面鲜美的汤汁就会溢出来。我紧紧地盯着这一笼包子，口水差点流出来！我把筷子伸向了那一个个小笼包，妈妈却笑对我说："别急别急，慢慢来，先喝点儿汤开开胃。"我把目光移向了那碗汤，只见汤上面飘着金黄的鸡蛋花和紫菜十分诱人，我端起汤，喝了一口，汤的味道也鲜美无比。

终于开始吃小笼包了，我学着妈妈的样子，用筷子在小笼包上戳了一个小口子，然后把嘴凑上去，吮吸了一口汤汁，哇，真鲜啊！那种润滑的口感和鲜美的味道立即征服了我的味蕾，我再吸一口，有一种幸福感油然而生，已经没有任何一种形语词可以形容我现在的心情，再轻轻咬一口嫩滑的肉馅，一边咀嚼，一边回味。我吃了一个又一个，不一会儿就把这一笼全部吃完了。妈妈看着我那一脸陶醉的样子，对我说："怎么样，现在知道我为什么这么喜欢吃小笼包了吧！"我高兴地点头说："妈妈，我知道了，我们以后要经常来吃！"离开的时候，我又让妈妈打包了一份带回家，准备好好品尝。

这就是我的最爱——小笼包，有时间，你们也可以尝一尝哦！

知 识 修 行

都是粗心惹的祸

金云峰

妈妈常批评我粗心，可我总不服，终于有一天吃了大亏，我才明白了自己的缺点。

"轰——"天空打起了雷，本来训练拉拉操的我们提前放了学。今天我自己回家，我背起书包，用手摸了摸口袋，空空如也。咦？钥匙呢？我把口袋翻了个遍，连书包也翻了个底朝天，可就是不见钥匙的踪影。是不是跳操的时候丢了？我冒雨绕操场跑了一圈，可就是没有找到，没办法，我只能背上书包，飞奔回家，路上不小心踩到几个泥水坑，溅了一裤子的水。

终于到家了，我敲了敲门，没人开，这才想起来，家里没人。我只好硬着头皮一会儿在楼道里走来走去，一会儿到楼门口看看，再待一会儿，再看看……反反复复了好几次还不见妈妈回来。这时的我十分矛盾，既想妈妈快回来，又不希望她回来。希望是因为想洗个澡，换下衣服，不希望是因为妈妈回来我就会因为丢了钥匙而被骂。就在这时，妈妈回来了，不解地问我："你怎么不进屋？""我把钥匙弄丢了。"妈妈责备地瞪了我一眼，打开门，我把书包放在沙发上，我一看又好气又好笑。你猜咋了，钥匙好好地躺在沙发上。仔细回想，原来我坐在沙发上换鞋时，把钥匙放在沙发上，临走时忘拿了，虚惊一场。

你说这怨谁？怨自己呗，一怨自己粗心，二怨自己不吸取教训。看来我粗心的缺点一定要改。

那是一次大胆的尝试

李志智

在每个人的生活中，必须经历许多尝试。有件事让我明白了要成长就要学会大胆尝试。

那是一个星期天的晚上，爸爸和妈妈因为工作太忙，要很晚才能回来，家里也只有我一个人。那晚的天气不是很好。外面刮着大风，天空乌云密布，电闪雷鸣。我心里想：这是什么鬼天气。啊！难道要下雨吗？我看了看阳台还有晾晒的衣服，便来到了阳台，但是，我看见窗帘被风刮得像鬼一样正在向我嘶叫，我害怕地赶快跑到房间，打开了电视机。我心想：看一会儿电视吧！就不会害怕了。但是，我往窗外一看，糟糕，马上就要下雨了。但是，我往窗外一看，发现父母还没有回来。如果妈妈发现我连衣服都收不了，只知道看电视，爸爸又要说我胆小鬼的。想到这里，我慢慢地走向阳台。但是，我的心里又来了一种恐惧。万一外面冒出了鬼把我吃了怎么办？可是，时间不等人，如果我再不去收衣服的话，那衣服真的会被淋湿了。

我走到阳台上，打开窗户，拿起花叉战战兢兢的挑起衣服。我也同时向四周张望看看有没有鬼来吃我，吓我。当我收完所有衣服后，爸爸妈妈回来了，他们发现我把衣服收了都在夸我棒。爸爸语重心长地对我说："其实鬼是不存在的，它存在人的心中，你想到了他就会感到恐惧和害怕。"我听了爸爸说的话连连点头，原来，世上本没有鬼，它只存在人的心中。

通过了这件事，让我的胆子变得大了起来。也让我知道了世界上根本没有鬼，它是不存在的，同时我也明白只要敢于尝试就会成功的道理。

一节有趣的数学课

张家馨

今天是值得开心的日子。因为今天下午，新学期的特色课程要开课啦！这学期我选择的仍是我的最爱——"快乐数学"。我自上午开始就既高兴又焦急，盼着下午快点到来。

下午，我早早来到学校，因为五年级的"快乐数学"课就在我们教室上，所以我只需要在本班等待。写字课的铃声突然间响起。我听着那悦耳的音乐，心中毫无看书和写字的想法，只想着、盼着那即将打响的上课铃和那即将来临的"快乐数学"。

不一会儿，二班的教室外站满了来上"快乐数学"的别班同学。"叮叮……"，上课铃声终于响了，站在外面等了很久的同学一窝蜂争先恐后地泉涌进来，若不是教室门结实，肯定早被冲垮了。大家纷纷入座，等待老师的驾临。这等待的时间真漫长啊，有些同学逐渐按捺不住了，有交头接耳的、有大声喧哗的，偌大的教室顿时像菜市场。其实我也想加入其中，讲几句笑话，可瞬间就打消了这个想法，因为老师随时就会来，我安抚着自己焦急的内心，端坐在座位上。

"嗒嗒！"张老师满面春风地走进教室。好心的同学连忙用低沉而又急促的声音提醒吵闹的人："老师来了！"刹那间，教室里鸦雀无声。张老师对大家说："咱们第一次课安排抢答游戏！""啊……"大家顿时兴奋不已。老师一边打开幻灯片，一边开始讲述游戏规则："大家以班为单位，答对一题加十分，答错倒扣五分，表现不好的同学所在班级扣十分。"我还没做好准备，游戏就开始了。

我以为我们班是主场，胜券肯定在握。结果表明我低估了游戏难度，高估了咱班的实力。第一题一出来，我就傻了眼，是猜谜题。我神游的时候被同桌唤醒，催我快抢答。我绞尽脑汁也没有想出来，眼睁睁地把那十分让给了别班。当时我的心里就如"十五个吊桶打水——七上八下"。第二题，我方只顾抢，但没思考明白，回答错误，丢了五分。第三题，同样的原因又丢五分。第四题没人抢答，老师直接公布答案。第五题题目是这样的：数字中谁最懒、谁最勤，这个答案地球人都知道，我们班输在了速度上。第六题：一加一不是二，我马上联想到"王"字，可同学不相信，错失了答题机会。第七题：人有它大，天没有它大，这次同学终于同意了我的答案"一"，这才得了十分……

下课了，大家的思绪仍沉浸在激烈的抢答游戏中，心情久久不能平复。

这节课真有趣啊！种种谜题不断现身，弄得我们的脑筋团团转，真是太好玩了！我班的主场却没夺冠，这是一个值得深思的问题。我总结了这次败北的原因主要有两个：首先我班成员间默契度不够，其次成员间不够信任。我深刻意识到一个团队，成员间团结协作是多么重要啊！

吸管扎土豆

许晓晴

今天上午的第二节课，很多老师走进了我们的教室，有认识的，也有不认识的，他们坐在了教室的后面，做好了听课的准备。

上课铃响了，我们纷纷回到座位坐好。一位陌生的老师走到讲台上，她应该就是给我们上课的老师了吧。同学们急忙坐得端端正正，精神抖擞地等着陌生老师开始讲课。

这位老师讲课生动有趣，我们都听得入了迷。他让我们亲手做有趣的实验——用吸管扎穿土豆。刚开始大多数同学都不相信，认为是不可能的。我把玩着老师发的吸管，心想：这么脆弱的吸管真的能扎穿坚硬的土豆吗？我才不信呢。

老师一声令下，大家一起将手中的吸管扎向土豆。

我犹豫了几秒，见大家都扎了，只好深吸一口气，闭上双眼，用老师教给我们的方法"抵、握、扎"用力扎了下去。

哇！真的扎穿了耶！太不可思议了！我揉揉眼睛，啊，这是真的！这是怎么回事呢？我看看周围，同学们也都是一副惊讶疑惑的表情。

老师笑着给我们解释了这个实验的原理。哦，原来是因为手指抵住吸管的上端，就把气流堵在了吸管中，气流可以使得吸管变得非常硬，这样扎穿土豆就很容易了。

上了这堂实验课，我懂得了，一切皆有可能！真是世界之大无奇不有啊！

知 识 修 行

方 曙

在我的脑海中，一件件往事如贝壳一般撒在"海滩"上，这些事有喜的、有忧的、有坏的、有好的。今天我就拾一枚装有开心事的贝壳给你们看吧！

那是在上个星期五，我们全校举行期中考试。张老师郑重地说："通过这次期中测试语数交叉考，同位不同卷，我会知道班上哪些同学是滥竽充数的南郭先生，会露出他们狡猾的狐狸尾巴，哪些人是真心在学习。另外我还要把期中测试总分加在一起，把前十名的人记录下来给予奖励。"开始考试了，每个人心里都是十五个吊桶打水——七上八下，我也不例外。我考完后，心里就希望老师快点收卷子。忽然我发现一题写错了，连忙拿笔改正，改完后我又想老师快点收卷子。忽然我又发现有一题写错了，于是就又改正，刚改完。老师就说："十分钟后收卷子了，没写完的请赶快写。"于是我利用这十分钟的时间来认真检查试卷。检查两遍后，发现没有错的，正好老师又收卷子了，我才心满意足地交了数学、语文期中考试卷。

经过漫长的周末，终于到了星期一，班主任张老师夹着试卷来到教室，所有同学的心都忐忑不安，张老师说："数学有郭鑫一百分、徐灼林一百分、方曙一百分、叶方敏一百分，张椰豪一百分……十二个一百分的。"

当我听到自己是一百分时，我的心里是多么激动，一股暖流如同那奔流不息的黄河快速的涌向心间，我感到幸福快乐，在心里默默地说"老师，谢谢您"。

通过这次期中考试我知道了"师傅领进门，修行靠个人"的意思了，老师只能领你走进知识殿堂的大门，但学习领悟知识只有靠你自己了。只有辛勤耕耘、付出努力才会有收获，天上没有掉馅饼的事，所以以后我一定会付出更多的努力，更上一层楼。

诚实比分数重要

王　悦

　　星期五那天上午，老师把记分册给了我，让我记分，我猜测老师要发期中试卷了。果然如我所料，老师发期中试卷了。

　　我有些担心，心跳加速，"怦怦"直响，生怕没考好。当老师说王悦第三名，考了九十六分的时候，我那颗悬着的心才放了下来，考得还不错。老师开始分析试卷，突然我发现有道题做错了，老师在忙乱中却没有改到，居然多给我加了分。我想告诉老师改错了，那我的第三名就保不住了！我又想反正老师又不知道，如果我告诉老师不就少了分吗？不就是要被老师降名次吗？这不是自讨苦吃吗？于是，我偷偷把错题改了，在记分册上把不正确的分数记上了。可是，我这么做过后，心里没有幸福反而更加难受了，胸口就像压着一块大石头，令人窒息。就连午饭也吃不好；午觉也睡不好了。我想告诉老师，可又怕老师批评。唉，我该怎么办呀！下午我见好朋友来了，就问她怎么办。好朋友对我说："你觉得诚实和分数哪个更加重要些呢？"我立刻明白了她的意思，我回到教室，把试卷和记分册上沾有污垢的分数改正了。

放学回家的路上，我觉得空气格外的清新；同学们格外的友善；心情格外的轻松。在我心中，有样东西永远不能被取代，那就是诚实。

糗 事 儿

朱冠果

关于这些怀念的事儿，还是要翻回四年前的孩童时光。

那年我七岁，有一天我的门牙松动了，连忙跑到厨房去，问正在做饭的妈妈是怎么回事，妈妈笑眯眯地说："要换牙啦，再过几天它就会掉的。"接下来的几天里，我都急不可耐地等这颗牙掉下来，可这颗牙齿就像是和我赖皮似的，偏不掉下来，拔又怕疼，咬又怕流血，真是让我担惊受怕呀！终于，在我吃午饭的时候，这个调皮的小家伙"跳"了下来。吃过饭后，妈妈对我说：去晒晒太阳，你牙齿就会长得快一些了！我听了，急急忙忙跑向阳台，张开嘴巴，让牙齿晒到太阳，可是张嘴晒了大半天也没有见牙齿露出头。这时妈妈走过来好奇地问："你在干什么？"我张着流着口水的大嘴，含糊不清地说：

"我……在晒太……阳，让牙齿长……的更快一些。"妈妈忍不住哈哈大笑："谁让你给牙齿晒太阳了？让身体晒太阳就行了。""啊？！"我的嘴巴张成了"O"字形，"怪不得我晒了这么久都没有看见长牙啊！"

我的糗事还不止这些。六岁时的某一天，妈妈买回来了一瓶辣椒水，我一看，以为是番茄酱，拿了一把勺子，舀一大勺就往嘴里放，这下可好了！我辣得嘴里呼呼地直吹气，脸涨得通红，头发都竖了起来。

嘻，先别笑，还有一件事儿才好笑哩！

我四岁的一个夏天，天气热极了！我跑到妈妈身边说："妈妈，我好热！""去客厅吹电风扇吧！"妈妈说。我跑到电风扇面前就发问了："这个怎么吹？"那时我还不知道电风扇怎么吹呢！于是，我便自作聪明地对着电风扇使劲地吹起气来……

在这时，一只立于电线杆上的小鸟清脆悦耳的叫声唤醒了沉浸在美好回忆中的我。只见阳光下的黑油油的羽毛上镀了一层金色，就像是我无数的童年记忆似雪花般飘落在她身上，那么轻快，那么明亮。

这就是我的童年，像无数大大小小的贝壳，藏着各自的喜怒哀乐，拼成了一个美好的记忆，很多人都像我现在这样，怀念自己的童年时光吧！

傻　事

李　高

　　一个人一生总该有几件傻事、开心事、难过事……而我却在童年时光里做了一件傻事，使我终生难忘。

　　因为小时候会走路较晚，刚刚蹒跚学步那会儿，连家里的一只猫我都要让它三分，每次见到猫来到我身边"喵——喵——"地叫着时，我都赶紧避让，吓得紧紧地趴在妈妈身上，万分惶恐地看着它，生怕被它绊倒，而猫却不管这些，自顾自地肆意玩耍。长大到五六岁会走路后，我便对这只猫"恨之入骨"，因为它把我当以前似的，总是喵喵地叫着来吓我。于是我决定给它来一个绝地反击，我要教训教训它，我决定偷偷把它平时爱护备至的宝贝胡子给剪掉。

　　我偷偷地溜进奶奶房间，把奶奶平时用的剪刀给偷来了。万事俱备，只欠坏猫。我邪恶地向着那只正在晒太阳的肥猫走去，它一看见我手里的那把剪刀便落荒而逃……终于我瞅准时机抓住了正在闭目养神的坏猫，把它按在了地上，我念叨着："臭猫，你的胡子要完蛋了！"我趁它当"缩头乌龟"的时候，飞快地拿起剪刀"咔嚓咔嚓"几下，就把它的胡子全剪掉了，只听猫咪"喵——"的一声惨叫，随后它飞也似的逃了出去，我得意地欣赏着自己的"杰作"——手中的一绺猫须，狠狠地吸了一口气，然后嘟着嘴对那只正在抓狂的疯猫说："下次你要再在我的面前耀武扬威，我就把你的猫毛全剪掉，让你拥有全村第一丑猫的名声。"说完，我便扬长而去。

可想而知，我被妈妈狠狠教训了一顿。难忘的糗事总是最美好，最可笑的。事到如今，我也不会再炫耀了，你们千万不能跟我学，否则要糗大了。不过童年如果有这样几件糗事，却会让你的人生增色不少。

请您原谅我

杜凌峰

老师，我要告诉您一件事，那是一件埋藏在我心底很久的憾事。

记得是上一学期的一次数学考试，您在报试卷分数时，我心里像十五个吊桶打水——七上八下，当听到"杜凌峰，100分"时，我心里异常激动，也踏实多了，随后听到"叶方敏，99分"时，我在心里不断欢呼：耶，我终于超过了叶方敏这个"对手"了。试卷发下来后，我瞄了一眼"对手"的试卷，咦，有一道计算题，我和"对手"的答案不同，老师却都打了"√"。我的心里顿时打起了小鼓紧张起来，赶紧拿起笔开始验算：果然，是我错了。怎么办？我心里忐忑不安，脑海里有两个小人在打架。

天使说："赶紧去承认错误吧，要不然怎么对得起胸前的红领巾？！"

知识修行

恶魔却说："不能去承认，去承认的话，您的第一名要让给对手了！"

"一定要去承认错误！"

"一定不能去承认！"

"去承认！"

"不能承认！"

……

最后还是恶魔战胜了天使。那原本轻轻的一张试卷，此刻在我手中却变得异常的沉重，我慢慢将那张试卷塞进了书包回家了。此后的几天，我心里总像有一块大石头压着，每每想起到那试卷大大的100分，组成100的两个圈圈就像一双圆圆的大眼睛紧紧盯着我，在不断地嘲笑我。

我终于知道，做一个不诚实的人是不好受的。我决定把这件事告诉老师，您会原谅我吗？

92分的试卷

周子颖

星期五，李老师拿着试卷向教室走来，我暗暗觉得：怎么有一股"杀气"？李老师严肃地说："现在，我开始报分了！"

开始报分了，我的心"怦怦"直跳，鸦雀无声的教室紧张得透不过气来。"沙睿94分；廖语馨91分；韩承志90分……"咦？这可是我们班的"尖子生"啊！怎么都没考到100分呢？正在这时，我听到李老师说："周子颖92分。""什么？我怎么才考92分！"我一边走向讲台，一边想着。我拿到试卷，把错题订正过来。我满脑子想的都是回家被妈妈责骂的情景。

放学了，我走在回家的路上，感觉太阳是那么的刺眼，花儿都低下了头，我的脚像灌了铅一样那么的沉重，今天回家的路是那么的漫长。

回到家，妈妈看见了我手中92分的试卷，我以为一场可怕的"暴风雨"将要来临。

可是，妈妈却说："怎么只考了92分？哪里错了？去书房把错题抄下来，吃完饭，我俩来分析试卷。"我惊讶地看了看妈妈，暴风雨没有来到，怎么回事？快速向书房走去……

唉！同学们，话不多说，我得赶紧复习，然后分析。因为今天下午，李老师要"惩罚"我们，又要考试！唉！苍天啊！

最后的小学时光

梁静雯

　　光阴似箭，日月如梭，转眼间六个年头即将过去，这也意味着六年的小学学习生活即将结束了。再过一年，我们就将告别亲爱的母校，告别朝夕相处的同学，告别和蔼可亲的老师，告别宽敞明亮的教室，告别绿草如茵的操场，告别……

　　六年的学习生活多像一幅五彩缤纷的画卷啊！每天早晨，我们佩戴着鲜艳的红领巾，背着并不轻松的书包向学校走去。课间操时，我们排着整齐的队伍进入操场，认真地做好每一个动作。每当上课铃响起的时候，我们会飞快地跑进教室端坐课堂上，老师讲得绘声绘色，我们听得全神贯注，读得抑扬顿挫。当下课铃响起的时候，校园便成了我们的天下，到处充满了欢声笑语。每天晚上，我们都会认真完成老师留下的一点作业。

二小的大门即将对我关闭，新的旅程——舒城二中的大门即将向我敞开。从此，中学的书包没有了往日的轻松，课堂没有了往日的生动，作业没有了往日的稀少，校园没有了往日的热闹……

这六年里，我们在城关二小茁壮成长。我们饱学知识锻炼技能，懂得了做人的道理，感受到了童年的欢乐和幸福。

光阴似箭，日月如梭，六年的小学时光即将结束，让我们好好珍惜这最后的时光吧！

哦，毕业

王彤彤

俗话说"天下没有不散的宴席"。转眼间，六年的小学时光如流水般逝去，渐渐的，我们懂得了什么叫难舍难分……

六年前，我踏进一（1）班教室，看到同龄的你们，心里涌起无限的期望。你们天真灿烂的笑脸一下就吸引了我，从此，我们成了亲密无间的朋友，互相问候着，互相关怀着，互相扶持着……手牵着手走向成长的大门。

没过多久，我们就适应了校园生活：早晨，踏着微风走进了教室，朗朗的读书声如同一支和谐曲；课间操上，那矫健的身姿多么优美！下课时，女孩儿玩着调皮绳，男孩儿忙着踢足球，一切又是那么生机勃勃；课上，我们认真听讲，高高举着的小手上托着祖国明天的希望。

我们就是在这样的环境中长大，成长为一个小大人。

当然，这一切离不开辛勤培育我们的老师。春游时，老师告诉我们要互相分享；看电影时，老师提醒我们不要大声喧哗；小组活动时，老师鼓励我们要团结互助……因为有了老师，才会有今日学有所成的我们！

不知不觉，六年的小学时光已将走过。你可知道与陪伴自己六年的伙伴分别是什么感觉？我们的眼中闪烁着泪花，嘴上却假惺惺地说："毕业不就毕业吗？有什么大不了的？"但那看似"无心"的话语，背后隐藏着多少不舍依恋？

海内存知己，天涯若比邻！虽然毕业残忍地把我们分离，但你们早已成了我心中的一座大风吹不动、大浪冲不走的大山，你们已是我生活中的一分子，深深地烙在我心里！

明天毕业，我们不说再见！

那六年时光

王若尘

时光如水，光阴似箭。小学五年的时光眨眼间就过去了，如今的我，已经是个六年级的大学生了。现在回忆过去那五年里经历的事，就像是一场梦那么美，可又是那样的真实的触手可及。

还记得五年前，我牵着妈妈的手，第一次来到了这所美丽的学校——城关二小。那时，我异常的兴奋，怀着对老师的敬畏开始了人生的第一堂课。

在那之后不久，学校又为我们这群一年级的小学生们举行了入队仪式，五年级的大哥哥大姐姐为我们佩戴上鲜艳的红领巾，我们在队旗下庄严地宣誓，我们会好好学习，永远忠诚于党。

没想到，这么快就过了五年，我们已经从当年的被系红领巾的小学生变成了给一年级新同学系红领巾的高年级学生。这五年来，我结识了不少好朋友，我们在一起，有喜也有怒，有哀也有乐，我的朋友们——俞文茹、王彤彤、杨莹莹……她们给我留下了不少美好的回忆。

曾经的我展望未来，现在的我回顾过去，那五年的欢乐时光，就像射出去的箭，再也回不来了。眼看只剩一个半学期就要告别母校了，想到这里，我心里禁不住有点酸酸的。

谢谢您，老师，谢谢您给予了我丰富的知识；也谢谢你，城关二小，谢谢你给了我这么多欢乐的回忆。

"小树总要长高，小鸟总要飞翔，尽管我那么依依不舍，可我总要离开您，我的母校，我的老师，和这段珍藏了美好记忆的时光……""天下没有不散的宴席"，但我会永远记住这首歌，永远记住城关二小给我的美好回忆。

哦，毕业梦

张　骞

我做了这样一个梦，在小学即将结束的时光里。

梦里的我们很快乐，女生们为了引起某些男生的注意每一天都打扮得很美，男生们为了赢得更多女孩子们的目光也扮得很酷。在课堂上，女生们认真学习，男生们却等待着下课，下课了，男生们在一起聊天，女生们在一起谈心，老师用羡慕的眼光看着她的学生们，她是否也在怀念，怀念她的童年？

六年三班，亲爱的同学们，还记得我们的大课间吗？(小白船)我们青涩地拉着手，抿嘴笑，不敢看对方的眼。在运动会上，我们付出的汗水，奔跑的姿态，加油的呐喊……为的就是第一名。

在科学课上，我们的课堂态度让老师发疯，男孩们扰乱课堂，女孩们也放下娇羞跟随男孩大吵大闹，多快乐

知识修行

115

啊！考试时，我们紧锁眉头，不知从何下手。

最后一个联欢会，我们精心打扮，为的就是在同学们面前留下深刻印象，而那天我们表演的人很少，不知道是胆怯，还是不舍得离开城关二小呢？我想你们选取的是后者。

毕业了，我们要各自离开了，有的女生在厕所里和好朋友们哭，有的在树下看着校园的一切，一切的一切。男孩们没有哭，但他们更舍不得离开，离开好哥儿们、铁哥们。我们挥泪告别，分手再见。

跨出校园，意味着我们要走向初中，意味着这六年的生活将成为回忆。我们回头看着老师，才发现老师的白发、皱纹和苍老的背影……

我的梦化成了一缕炊烟，随着风飘到了属于它的年代。

谁动了我的日记

徐倩倩

风，在窗外"呼呼"地吹着。

一个星期天的上午，我在房间里闲来无事，把自己的"私密文件"——日记本拿了出来，准备在上面写一些想说又不敢当面对爸爸妈妈说的话。"亲爱的爸爸妈妈……OK！大功告成！"我呼了一口气，把日记本合上。"倩倩，快去上英语补习班，要迟到了！"妈妈突然喊道。"哦！知道啦！"我连忙应到。正准备走的时候，突然想到：那日记怎么办呢？被爸爸妈妈看到就糟糕了。我想了又想，终于想出了一个好主意：把一根头发放在本子上，如果头发掉了，就说明有人看了我的日记。"哈哈！我真聪明。"临走的时候还不放心，顺便把房门关上了。

中午回到家，我迫不及待地跑回房间，可是房间的这一幕让我愣住了：天呐！头发呢？谁动了我的日记？这一连串的问题映在我的大脑里。我决定，要找出"罪魁祸首"。

我跑去厨房，问正在做饭的妈妈："妈妈，你今天动了我房间课桌上的东西吗？"

"没有啊，怎么了？"妈妈疑惑道。

"啊，没事儿，我就问问。那今天有谁来过我家吗？"

"嗯，我想想……对了，兮涵今天来找过你。"

"哦，知道了。"八成就是兮涵了。

兮涵住我家隔壁，我三步并作两步走到了她家。

"兮涵，我来问你件事儿。"

"嗯？咋了？"

"你今天动了我的日记吗？"

"没有啊，什么日记？"

"真的吗？我不相信。"

"真的！我真的没有！"兮涵激动地说。

我还没来得及说什么，她就跑走了。

我烦躁地回到家，坐在房间的椅子上，心想：不是她会是谁呢？我眼睛随便一瞟，咦？那是什么？捡起来一看，哦！我明白了，原来是窗外的风把头发吹到了地下，哎，清风不识字，何必乱翻日记？我立刻跑到兮涵家跟她道歉，她无奈地说："没事，以后可不能随便污蔑人家了哦。"我点了点头，跟她相视而笑。

窗外的风依然在吹，我的心，早已温暖起来。

精彩的运动会

方清卓

秋高气爽，万里无云。在这个金风送爽的日子里，我们学校迎来一年一度的秋季运动会。我作为啦啦队的一分子，也是激动万分，心里有着说不出的高兴。比赛项目可多了：50米短跑，400米跑，跳高，跳绳……

我印象最深的是2000米长跑预赛。我们早早地来到跑道两边，为吴薪蓓助威。比赛即将开始，所有的运动员都站在起跑线上。只听裁判员喊道："各就各位！预备——"运动员们个个身体前倾，接着一声清脆的枪响，运动员们像离弦的箭一样，冲向前方。操场上顿时沸腾了，耳边响起同学们的加油声、欢呼声……只见吴薪蓓在所有队员之中，跑着很轻松，疾步如飞。我们班的同学都在喊："吴薪蓓，加油！加油……"半圈下来，跑在前面的队员体力用尽，越跑越慢，腿上就像绑了一个大沙包。

再看看我们班的吴薪蓓，她体力充沛，趁机加油猛冲，超过了前面的两名同学，眼看前面只有三名同学了，吴薪蓓一个弯道超越，再一次超越，最后以第三名的优异成绩进入了决赛。同学们听到这个好消息，高兴得手舞足蹈。

瞧！那边是什么情况？许多人围在那里，形成了一面厚厚的"人墙"，我费尽九牛二虎之力挤了进去，定睛一看，哦！原来正在举行男子跳高比赛啊！运动员个个精神抖擞，有秩序地开始比赛。只见运动员们先缓慢地跑着，当离竹竿三米左右的时候，猛得一冲，再轻轻一跳，便飞跃了起来。轮到我们班的韦啸上场了，我们的呐喊声把比赛推向了高潮。韦啸看了看竹竿，再看看我们，顿时信心倍增。他摆开双臂，飞快地跑到横竿前，腾空一跃，像展翅飞翔的海燕，又像凌空飞翔的雄鹰，飞过栏杆，稳稳地落在了绿色的海绵垫上。顿时场上响起热烈的掌声，一个小时过去了，比赛终于结束了。获得第一名的是六（6）班的李磊同学，他以1.22米的惊人高度夺得冠军，打破了我们二小男子跳高比赛的纪录！然而，我们班的韦啸同学也很不错，以1.18米的成绩获得第三名，为班级争夺了荣誉，同学们欢呼雀跃，老师也向他竖起了大拇指。

这是一场精彩的运动会，这是我们小学时光里的最后一场运动会，我要把这份美好的记忆永远地珍藏在我的脑海里。

学玩溜冰鞋

夏欣圆

　　星期三，爸爸在网上给我买了一双溜冰鞋，两天后便寄来了。这天刚好是星期五，我写一小会儿作业就兴高采烈地捧着溜冰鞋到楼下去玩了。可我毕竟是不会玩溜冰鞋，穿上后还没站稳就已经摔得四脚朝天，摔了个屁股墩。但是我毫不气馁，摸摸摔疼的屁股咬牙站了起来，手扶着墙向前滑，虽然是水泥路，但还是有几个地方凹了进去，我一个急转弯，差点一头栽进了臭烘烘的垃圾堆里。

　　俗话说得好，"吃一堑，长一智"，我吸取了上一次的教训，手扶着墙很紧，眼睛时刻盯着前方，滑行的速度慢一些，这回玩了很长时间都没有摔倒。可是成功并非就这么容易得来的，很快我又遇到了一个麻烦。前方竟然有一只很大的狗，我吓得连大气都不敢出，急忙调头往回走。说来也奇怪，我急忙加速，可是因为不熟练又摔了个人仰马翻，这回手被摔破了，疼死我了。我急忙回头，还好并没有看到恶狗，原来这只狗是准备回自己的家，没有追我，真是虚惊一场啊！

我又站起来继续训练，虽然不用扶墙了，但还是不能像别人一样行动自如地玩。我又试了几次，尽管经过有些不平坦的地方，可都没有再摔倒了，这时妈妈来到了楼下让我回家吃饭，我一边往回走一边想着：我有时间再练一练，一定可以和别人一样厉害的，想到这里我的心里似乎宽慰了许多。

今天我不仅学会了玩溜冰鞋，还明白了"失败是成功之母"这句俗语的意思，收获可真大啊！

我的自画像

吕明轩

在我妈妈的手机照片里，一直保存着一张非常神气的照片。一个梳着平头的小男孩，他有一双像月牙一样弯弯的眉毛，一双炯炯有神的大眼睛，还有高高的鼻子下面是一张像涂了口红似的小嘴。你们猜一猜，他是谁？哈哈！那个小男孩儿就是我啦！

我很聪明可爱。有一次，突然发现爷爷好像在找什么东西似的，爷爷东找西找，急得满头大汗。于是我就跑到爷爷的跟前，连忙问："爷爷，您在找什么呀？"爷爷急促促的说："我的手机丢了，找不到了？这下可怎么办呀！花了好几百元才买了这个手机，丢了多可惜啊！"我说："爷爷，别着急，我来帮您找吧！"于是我连忙拿起妈妈的手机，快速的拨打了爷爷的号码，果然，从远处传来了熟悉的手机铃声，"这是我的手机铃声"，爷爷兴奋地说。跟随着铃声，我在枕头底下找到了爷爷的手机，爷爷拿着手机，脸上像乐开了花一样，并且向我竖起了大拇指！你们说我聪明吗？

　　我的爱好很多，比如游泳、跑步、画画……其中我最喜欢画画了，所以妈妈给我报了一个画画兴趣班，我画的画，曾经还拿过一等奖呢！

　　这就是我，你们愿意和我交朋友吗？

会说话的眼睛

会说话的眼睛

任江杨

要问我谁的眼睛会说话，在我的脑海中，让我记忆犹新的就是王老师的那双眼睛会说话。

王老师是我的语文老师，她是刚从农村学校调来的一位老师，自从她来到我们城关二小，就接手我们这个班的语文课。

王老师中等身材，一头乌黑发亮的头发，她喜欢梳着一个马尾辫儿，她圆圆的脸蛋上镶嵌着一双炯炯有神的大眼睛，这双眼睛一直默默地鼓励着我努力学习。

以前我的语文成绩一直都不好，自从王老师带了我们语文课，我的语文成绩逐渐上升，而且学习兴趣也越来越浓了。这一切都要感谢我的王老师。

我是一个特别腼腆的小男生。记得有一次，在一节习作课上，王老师挑选了几位同学的作文，让同学们自己走上讲台来读一读，这也是锻炼我们的胆量，也是让我们当当"小老师"的感觉吧！当王老师叫到我的名字时，我顿时心慌意乱，慢吞吞地站了起来，带着一颗怦怦直跳的心慢慢地走上了三尺讲台，拿起作文稿，双手抖动得厉害，心里七上八下的，嘴巴不听使唤地结巴了，"我……我……"就在这时，王老师好像看出来了什么似的，她用那双眼睛向我投来鼓励的目光，好像在说："别紧张，慢慢读，你一定行的！"看着老师那充满鼓舞的双眼，我咬紧牙关，放开了胆子，用最响亮的声音读完了这篇作文，这时教室里立刻响起了热烈的掌声，站在一旁的王老师也向我竖起了大拇指！从那以后，我再也不胆怯了，还经常跟随老师出去参加演讲比赛呢！

　　这就是我由衷钦佩、和蔼可亲的王老师。老师，您是世上最美的，我爱您！

我敬佩的老师

董荟源

    我敬佩的老师，有一双宝石般晶亮且会说话的眼睛，有时像月牙一样弯，又是像紫葡萄一样圆。她的眼神如一缕阳光，温暖着我们的心灵；她的眼神像一盏明灯，为我们照亮了行进的道路。

    我忘不了老师鼓励的眼神。有一次，我的数学测试成绩很不理想，老师用严厉的目光望着我，仿佛在对我说："你要好好反省一下自己。"放学了，我不敢回家，怕看到家人失望的眼神，我悄悄离开了回家的"大部队"，独自坐在教室里看那张试卷。忽然，我听见了一种熟悉的脚步声——是周老师来了！我一下子变得紧张起来，感到束手无策。周老师进来了，她走到我桌前，看见我桌上的试卷，似乎明白了什么。周老师坐到我对面，我赶紧低下头，泪水却涌了出来，周老师递给我一张面巾纸，轻轻拍了拍我的头，目光充满了鼓励："怎么变得这么沮丧？这世上没有常胜将军，也不可能每一次都有令人满意的结果，但是只要你能够总结反思自己的错误，认识到自己的不足，再认真学习，下次就一定会有好成绩！"

听了老师的话，我轻松多了，主动捧起试卷向老师请教。老师的眼中含着笑意，好像在对我说："好样的，这才是真正的你！"

在老师的教导下，感受着我退步时老师鼓励的眼神，上课开小差时老师责备的目光，做事成功时老师赞扬的目光……我想大声说："老师，您就是我最敬佩的人！"

我的老师

房诺然

　　每当我伤心失落时，总会有这样一个人给我安慰；每当我遇到不懂得难题时；总有一个人会不厌其烦地教导我；每当我学习进步时，总有一个人会露出舒心的笑容。她就是我的好老师——杜老师。

　　她，中等个子，一头秀丽的头发，扎起干净利落的马尾，一双明亮的眼睛散发出自信的光芒，生活中的她看到我们总是露出温暖的笑容，亲切而慈祥。在课堂上她是一位严厉的老师，谆谆教导着我们。

　　记得有一次，我的单元考试没有达到预期的成绩，我像一个做错事的小孩儿一直低着头，害怕被老师注视到。此时杜老师在教室里扫视一圈，目光注视着每一个同学，最后目光还是停留在我的身上。我的心在刹那间猛跳起来更加紧张，我的脑海中一片空白，当我抬起头，迎接我的是一个特别的眼神，我想我永远不会忘记那个眼神，有失望，有关爱，有期望，有鼓励，仿佛充满了"魔力"。

我记得您那沾满粉笔灰的双手；我记得您那慈善的谆谆教诲；我记得您那新增的几根银发。老师，您是明灯，照亮我们迷失前进方向的道路；老师，您是舵手，把我们送向成功的彼岸。

鲜花感恩雨露，因为雨露滋润他成长；高山感恩大地，因为大地让他高耸……而我们感恩老师，因为老师教会我们无穷的知识，教会我们做人的道理。在成长的道路上老师给予我们太多太多的付出。

"春蚕到死丝方尽，蜡炬成灰泪始干！"老师，您为了我们，您付出了多少心血，老师，您为了我们，您奉献了多少青春，老师，我们长大了，您却白了头发！

老师，您辛苦了！

老师，请您原谅我

周瑜凡

老师，今天我斗胆将一件事告诉您，希望您能原谅我。

我还清楚地记得，那是三年级上学期的一件事，可能有人会发问："你怎么记得那么清楚？"那是因为这件事让我愧疚了很长一段时间，所以我至今铭记于心。

这天，我和往常一样，高高兴兴地出发去学校。在路上，我习惯性地回忆着昨晚的作业，突然我想起一项语文作业好像没写！从家到学校的时间里，我的心一直"怦怦"乱跳。一到班级我便从书包里拿出作业，糟糕！真的没写！我连忙把作业装进书包，装作若无其事的样子，还好，没有人看见。我坐立不安："怎么办？怎么办？要去和老师坦白吗？老师要骂我，怎么办？不坦白，又对不起胸前的红领巾，到底怎么办呢？"做了半天的思想斗争，我决定瞒着您，等中午回家，我悄悄地把作业补起来，下午再交给您。所以，当那天我去送作业时，我对您撒谎了，我说："老师，不好意思，因为我的粗心，这项作业被我落在了书桌上，所以没交。"您当时居然想都没想就说："嗯，没关系，那你就下午带来吧！"我走出了教师办公室，心里有一种说不出的愧疚感。下午，我把补好的作业送给了您，您还夸我字写得好，要是放在平时，我肯定十分高兴地笑了，但那天我却怎么也笑不出来……

老师，今天借写作文的机会将这件事告诉您，并真诚地对您说声："对不起！您能原谅我吗？"

幽默、风趣的老师

徐李菲菲

在我的生活中，我要感谢一位老师，就像种子感谢泥土，因为泥土让种子健康成长；小鸟要感谢蔚蓝的天空，因为天空让它自由自在地飞翔；花儿要感谢绿叶，因为绿叶把花儿衬托得更美丽；河水感谢大海，因为大海让河水不再枯渴。而我要感谢的这位老师，你们应该都认识，但我不能剧透。你们可以从这位老师的相貌、和我举得几个事例来猜一猜。

这位老师五十多岁了，但看起来很年轻，只有三十多岁的样子，头发有点卷，颜色有点红，浓浓的眉毛，大大的眼睛，体型微胖，中等个子，特别是一张厚厚嘴唇的嘴，从那里说出的每一句话都浸透着幽默和风趣，让贪玩的你乖乖地听她的课。

老师上课很幽默。我们写作业的时候，有很多同学眼睛离书本很近，每当这时，老师会说："眼珠子快掉到本子上了。"老师话音刚落，我们全班都哄堂大笑了，我们深深地记住了话，于是，以后写作业的时候很少出现离书本很近的情况。

还有一次，我们也和今天一样在写关于老师的作文，老师说："写相貌不要面面俱到，大大的眼睛、大大的耳朵、大大的鼻子，那样就成猪八戒了。"老师简洁幽默的话又逗得我们哄堂大笑了。在笑的同时，我们深刻地记住写人相貌的方法。

我想你们应该知道这位老师是谁了吧！叮咚！恭喜你们回答正确，她就是我的语文老师——朱老师，我想你们应该听说过一个名言警句吧！"春蚕到死丝方尽，蜡炬成灰泪始干。"我们的朱老师就是这个蜡烛，燃烧了自己，照亮了我们。

班干部竞选

陈益澜

一年一度的班干部竞选开始报名啦！这次我也要参加哦。经过精心准备，这一天终于来到了。

这天早上，我别样的紧张。第一节课和第二节课是数学课，第三节课是班干部竞选，这次竞选的第一个职务是：班长。

第一个人是杜可欣，在我心中杜可欣有三个优点是：1.学习很好；2.人长得漂亮；3.跳舞也很美。到目前为止只有一个缺点：太粘人了。第二个人是苏曈，第三个人是王昱皓，第四个人是我。嘻嘻，没想到吧。这次我斗胆一试，前天晚上，妈妈一直鼓励我说："没事，你就当玩游戏就可以了。""嗯。"我心绪不宁地鼓励自己。

我一上台，就有热烈的鼓掌声，我带好话筒便开始说："老师、同学们好，我是陈益澜，在这阳光明媚的日子里，我站在这里就是要竞选班干部。我活泼可爱、积极乐观，但人缘极少。从上学到现在从未当过班长，你看我一身干净，要'官相官面'没有，要'官腔官调'也没有，但要闯劲，我倒是有的。假如我没有选上，我也不会放弃，我会努力达到班干部所需要的条件。是花我会开放，是树我会长高，是鸟我会飞翔，如果是班干部我一定会做得很好。我的演讲说完了。"

然后是裴韵涵、周于琴和沈正轩。接着又竞选了学习委员、中队长、音乐委员、劳动委员。

最后，裴韵涵当选班长，沈正轩当选语文副班长，杜可欣当选数学副班长，学习委员是耿昊寰和袁梦婷。中队长当选是陶冶，体育委员当选是张超越。音乐委员当选是陈震宇，劳动委员当选是王昱皓和陈震奇。

这次虽然没有当选上班干部，但我没有伤心，我期待着下一次班干部竞选。

一 枚 硬 币

许馨逸涵

今天是周末，和往常一样我们一家四口去逛街。首先去的是超市。

到超市后，我被琳琅满目的商品给迷住了，经过妈妈的扣除，我们花费248.53元。

刚要离开超市，却发现收银台旁有位老人在盘旋着。一个六七岁的小男孩儿跑过来对老人说："老爷爷，您在这做什么？"老人慈祥中又夹杂着一丝焦急："今天呀，我带孙子来买一些奶粉和一些生活用品。结账后，他看见收银台附近的摇摇车，便死活都赖在那，还说什么不给他玩他就不走！"男孩儿疑惑道："他要玩您就让他玩呗！""可是我呀，没有硬币。哎，你有硬币吗？我可以用5元纸票跟你换1元硬币吗？"老人诚恳地说。"5元？"男孩儿一听用5元纸票换1元硬币那可是赚了！他两眼放光，激动地说："好啊！好啊！我有1元硬币！"

于是，老人与男孩儿交换了。男孩儿乐呵呵地走了，好像心里盘算着用那5元买什么吃的。这时，老人把硬币投进一辆上面有小熊的摇摇车里，仔细一看，上面还坐着一个两岁左右的小男孩，想必那就是老人的孙子吧

此时，一位刚才在老人身边默不作声的四岁小女孩儿跑到老人面前用稚嫩的声音对老人说："老爷爷，你为什么用5元来换1元呢？这不是吃亏了吗？要是我呀，才不换呢！"老人蹲下来抚摸小女孩儿的头，慈祥地说："你觉得一个人的快乐和幸福跟钱相比，哪个重要？""当然是快乐和幸福。"小女孩儿回答。老人语重心长地说："这不就对了吗？一个人呀，他活得不快乐，有再多的钱那又怎么样？"小女孩儿似懂非懂地"哦"了一声。

对呀，一个人如果活的不快乐，那生活不就是暗淡无光吗？从这件事中我明白了"钱"不是万能的，虽然它能买得了车、房、吃、喝、穿，甚至金子都可以买到，但是它买得了快乐，买得了幸福，买得了美满吗？只有用心，用自己的真情去帮助别人，才能"买"得到世间最珍贵的东西——快乐、幸福、美满……而那些心里只有钱并没有感情的人，什么也得不到，天天陪着他们的只有冰块似的几张红纸罢了。

人的一生，难道只是为了赚钱，买房买车吗？为后代做准备吗？现在，想一想，人生，还不如好好享受天伦之

会说话的眼睛

乐，好好地环游世界，好好地吃遍美食，好好地探索奇妙地世界……那样的生活又怎么不叫我向往呢？哪怕只是一辆破旧的自行车也能走遍世界呢！

我 的 老 师

郭 鑫

种子感谢泥土，因为泥土让种子茁壮的成长；花儿感谢雨珠，因为雨珠让花儿更加美丽。而我，要感谢我的老师，因为是老师交给了我无穷无尽的知识。

我的老师姓朱，齐耳短发，鼻梁上架着一副眼镜，显得十分有学问。

朱老师教学有方。有一次，在写课堂作业的时候，有许多人把"临"下面的"日"写成了"目"，朱老师为了让我们记住这个字，就用幽默的语气对我们说："其实'临'下面的日就是太阳公公在睡懒觉呢。"我们听了，哄堂大笑，以后再也没有人把"临"这个字写错了。

记得还有一次，我在写作业的时候，把"武"写错了。朱老师发现了这个错误，就对我说："武士上场不带刀，你不把他的刀给带上了，那怎么能行呢？"我听了老

会说话的眼睛

师的话语，就铭记在心。以后，我从来没有把"武"字写错了。

老师，谢谢您！是您教给了无穷无尽的知识！

一匹才华横溢的狼

朱钟灵

一位猎人在森林里发现了一匹狼，这匹狼背对着猎人，脑袋低着，完全没有发现猎人。因为好奇心，猎人小心翼翼地走上去，看到狼正盯着一张别人在森林里丢弃的报纸看。"狼在……狼在看报纸！"猎人立马呆住了，虽然猎人只是一个年轻人，但他脑子里只有一个想法："先抓住这匹狼！"——就这样，狼被抓住了。

带着这只会看报纸的狼，猎人拜访了一位著名的动物专家，这位专家会几十种动物的语言。专家端详着这只狼，思考了一会说："这匹狼的智商很高，好像和一个二年级小孩的智商差不多，我觉得应该让它到学校里去上学。"很快，这则消息像潮水一样涌进人们的耳朵，有一所学校甚至决定收狼为学生。

狼上学校肯定会有许多的老师、家长和学生们的反对。可他们很快就接受了，因为狼上课不交头接耳，下课不打闹，按时交作业，学习成绩在年级名列前茅，甚至还当上了班长！狼成为学生们的好榜样，受到了老师和家长们的表扬！

小溪流探险记

胡怡然

"唉……"从哪儿传来的叹气声？原来是一条生活在大森林里的小溪流看见别的小动物能去远处探险，它羡慕极了。过了几天，天空淅淅沥沥地下起了雨，小溪流瞅准这个机会，决定也去经历一次探险。

小溪流告别了树伯伯、鸟哥哥、花妹妹等，就开始上路了。它一边踢踢小河里的石子，一边唱着欢快的歌，一路小跑到一座小村庄里。这里的一切那么新鲜，那么好玩。孩子们和它一起嬉戏；小鸭们和它一起唱歌；水牛们用小溪流洗脸漱口。小溪流很满足，也觉得自己很伟大。虽然在这个村庄待得很开心，但时间长了，它感到枯燥乏味，不安现状，又开始了它的旅途探险。

走着走着，来到了一条又宽又浅的河流，刚踏进河就被突如其来的小悬崖冲撞得头晕眼花，连滚带爬地来到了热闹非凡的城市。可它越向前走，自己就越脏，还有一股难闻的味道。这是怎么回事呢？原来，一些人把垃圾扔到河里，脏水也排进河里……小溪流很伤心，因为鸟儿们不和它玩了，更没有树伯伯、花妹妹，它很后悔来到这座城市。小溪流只有硬着头皮继续向前走，走得越远它的身体变得也越苗条。渐渐地小溪流越来越小，天天被太阳公公照射得没力气向前走了。它的身体也越来越轻了，不一会儿就慢慢地升到空中。

小溪流很好奇："为什么我会升到空中，咦，怎么又变样子了呢？""因为你在我强烈的太阳光照耀下，变成水蒸气升到天空，接着又变成了云，你瞧，现在又变成了一顶白云帽子啦！"太阳公公说。

小溪流飞呀飞呀，飞了很久，发现了自己居住的大森林，高兴地合不拢嘴。突然感觉好冷，身体也渐渐下沉变成了水珠。终于又见到了小伙伴们，它高兴地喊："树伯伯、鸟哥哥我回来啦！"伙伴们纷纷赶来七嘴八舌地问小溪流，在探险路上遇到了什么好玩的事？小溪流看着远方说："这一路上有开心的事，也有烦恼的事，还有更奇妙的事……"

森林里的联欢会

程 杰

有一天，大象镇长对森林里的动物们宣布了一件很重要的事，要在动物镇广场举办一次联欢会。

这一天，经过精心准备的动物们早早地起了床，纷纷地来到了动物镇广场。不一会儿，联欢会便开始了。

第一个上场的是小兔，它唱了一首歌："小白兔，白又白，两只耳朵竖起来，爱吃萝卜和青菜，蹦蹦跳跳真可爱！"赢得了动物们热烈的掌声。

接着，小猴上台了，它一会儿骑自行车，一会儿玩单杆，一会儿又翻跟头，花样可多呢！

最后，小马大摇大摆地上了表演台，主持人小狗拿出一个火圈，放在台上，小马飞快地跑了过去，突然猛地跳起来，哇！小马真的跳过火圈啦！台下又响起了阵阵掌声。还有小猴走钢丝、小松鼠跳舞、孔雀比美……一个又

会说话的眼睛

一个精彩的节目，真是热闹极了！

连续三个小时的联欢会，动物们在欢声笑语中度过了，真是一次有意义的联欢会！

我家的"小奶包"

王蔚然

"小奶包"的身世很可怜，我是在家门前的一片草丛里发现它的。

那天下午，明媚的阳光照耀着大地，我正和小区里的几个小伙伴们玩着游戏，忽然，我在绿油油的草丛里看到了一块雪白的"东西"，我心里产生了疑问：草丛里难不成还长出了一块"白草"来？带着强烈的好奇心，我扒开了这片草丛。仔细一看！哎呀，原来是一只蜷缩在草丛里的可怜兮兮的小白猫呀！不过我应该说它是"小灰猫"，因为它很脏。脏毛里夹杂着几根白毛。我看它可怜，便把它抱回了家。

回到家，我把它一放，先拿了一个比较大的旧盆，然后把盆里放满水，再拿来沐浴露——我准备给小猫洗澡。

我把小猫放进盆里，先用手捧水把小猫弄湿，再把沐

会说话的眼睛

浴露倒了一点放在手上，把小猫全身都使劲搓了搓，然后再用水把小猫洗干净，最后拿吹风机把小猫吹干。哇！它好白呀！它的毛摸起来很舒服，软软的。于是，我便给它起名"小奶包"。

在以后的日子里，我们就像"好伙伴"一样心心相印。它做过许多有趣的事，但最有趣的，还要数它捉苍蝇了。

它捉苍蝇就像捉老鼠一样，可好玩了！每次捉苍蝇呀，它都那个样：把背鼓得高高的，就好像一座小拱桥！然后，它往前轻轻地走了几步，盯着苍蝇使劲地看，出其不意地向苍蝇一扑。它有好多次都抓到了呢！是不是很厉害？

有句名言曾经说过：世界上没有了动物，就没有了快乐。是啊！有"小奶包"在的这些日子里，我每天都过得比以前更加快乐、更加充实！我爱我家那可爱的"小奶包"。

咪咪的礼物

阙思宇

小狗花花生病了，森林里的小动物们带来了各自最好玩的礼物给花花解闷。

礼物真是太丰富了：有遥控飞碟，有声控的玩具老鼠，还有精致华贵的让人不敢触摸的玩具小汽车……花花高兴得合不拢嘴。轮到小猫咪咪了，只听咪咪神秘地说道："下面请大家闭上眼睛，我要把礼物拿出来了！"大伙都好奇极了，你看看我，我看看你，都不知道咪咪葫芦里卖的是啥药，最后，大家还是一个个闭上了眼睛。过了一会儿，只见咪咪大声说道："现在请你们睁开眼睛吧！"只见咪咪捧出一个花花绿绿的小东西，毛茸茸的，东一蹦、西一跳，总往咪咪的身后跑。咪咪想抓住它，可转了好几圈还是没有抓住，急得咪咪直朝大家吐舌头，那副滑稽样，逗的花花哈哈大笑。

　　表演结束了，大伙儿争着问咪咪礼物是从哪儿买来的？咪咪猛地站起身来，扬起小脖子，自豪地说："这个有趣好玩的礼物一分钱也没花，它就是我的尾巴呀！"啊，大伙儿谁也没想到！咪咪说："这个礼物是我为花花精心设计的，我在尾巴上涂了红色和绿色两种颜料，然后把它卷成彩球的形状，今天能看见花花那么开心，我真高兴！"

　　躺在床上的花花激动地说："谢谢！咪咪，你真好！"大伙儿见了都赞不绝口，说："咪咪的礼物比谁都好！"咪咪开心地笑了！

可爱的小刺猬

王博元

我非常喜欢小动物，曾经养过一只刺猬，至今想起，仍历历在目。那是我去年生日那天，爷爷提着个大箱子来到我家，说要送我一个特殊的礼物。打开箱子一看，呀！原来是一只可爱的小刺猬，我高兴得又蹦又跳。小刺猬长得肉墩墩的，非常可爱。它有一双黑宝石般的眼睛，忽闪忽闪的，翘翘的小鼻子，嗅来嗅去，一耸一耸的，样子非常滑稽；它的嘴巴很小，只有吃东西时，你才会发现它的嘴巴，可腿很短，和它肥胖的身躯极不相称。最有趣的还是它那一身赫赫有名的"装甲"，那刺是棕色的，遇到危险时，它就会缩成一团，变成个大刺球，可以令任何凶猛的敌人望而生畏。为了养刺猬，我可花了不少心血。我先是向爷爷请教如何喂养它，后又到网上去查刺猬的生活习性。了解到刺猬常常栖息在荒地、灌木林、草丛中，一

会说话的眼睛

般单独活动，通常在黄昏和夜间觅食，白天多躲藏在洞穴中或安静的地方休息，喜欢吃水果，瓜类等。那段时间，喂养小刺猬是我生活中最有趣的事了。每天我都像做饭一样给它准备食物，当你把食物放在它面前时，它却像睡着了似的，一动不动，可等我走开了，它就会立马开动，大快朵颐。闲暇之余，我就会去逗一逗小刺猬，只要和它说说话，什么烦恼都会烟消云散。就这样，小刺猬陪伴我过了一段快乐的时光，但后来我发现它越来越沉默了，吃的也少了。一天清晨，我和往常一样来看小刺猬，它一动不动，任我怎么逗它都没有反应。我赶紧叫来爸爸，爸爸观察了一会儿，说道："可能是死了。"听爸爸这么一说，我伤心极了。最后，我和爸爸决定把小刺猬埋到后院的草丛里，因为那里才是它家园。来到后园，我把小刺猬放在草地上，然后在一旁挖坑，突然它动了一下，接着迅速地钻到草丛里去了。我赶紧放下铲子去捉，这时爸爸拦住了我，说道："别追了，大自然才是小刺猬的家，让它回家和家人团聚吧！" 这时我恍惚大悟，小刺猬应该是想家了，这么多天，我束缚了它的自由，它是多么的孤独、痛苦啊，这不是它想要的生活呀！我太不应该了。 转眼间，小刺猬已离开我已快一年了，但我还是时常会想起它，我想它现在应该过得很快乐吧！因为它生活在自己喜欢的世界里。

请让小海豚回家吧！

吴梦蝶

今年暑假，我和爸爸妈妈一起去合肥海洋世界游玩。

在路上，我的心情格外激动。早就听说了海洋世界里的种种神奇，今天终于可以零距离接触了。买票进入，果然没有辜负我的期待：有可爱的娃娃鱼，有透明的琉璃猫（鱼名），有斑斓的"小型海底世界"，还有美丽神秘的梦幻水母宫……这一切都让我非常开心，可接下来发生的一件事，使我的心情发生了一百八十度大转变。

中午十一点半，我们随着人流来到了海洋剧场。这里人山人海，正式演出前，小丑的表演很滑稽，逗得观众开心不已。我也怀着激动的心情等待海豚表演。小海豚终于来了！它的表演精彩极了：时而准确地穿过十几米高空上的圆环；时而载着训练员在池中快速游动；时而灵活优美地展现动人的舞蹈；时而在训练员的指挥下齐展歌喉……

我津津有味地欣赏着。但是，训练员反复出现的一个小动作——每当小海豚获得观众欢呼时，他总要扔一点儿食物给它——使我的心猛地颤抖了一下，随即便填满了愤怒的火焰，隐约还有几个悲伤的音符在跳动……这些技能并不是海豚与生俱来的，学习技能也不是心甘情愿的，而是人类无情逼迫的。想到这里，我的心思早已随着掌声飘离剧场……

我忽然间非常同情海豚！在我的印象里，海豚是自由的象征，它是大海里的精灵。是狡猾的人类抓住了它们，逼迫它们学习技能，表演舞蹈，如果不努力，就让它饿着肚子。而且，据说，为了达到更好的表演的效果，这些可怜的海豚平时也是处于半饥饿的状态。

人类啊，你们可知道，那广阔的大海才是海豚真正的家，而这小小的海洋剧场，又怎够它们驰骋！关在这小小的囚笼里，它又怎能感受自由和快乐！我们送上了热烈的掌声，但海豚却未必能感受到荣誉，它所希望的也许只是训练员手中的一小块用来充饥的食物！

我听说过，有一种鸟儿是永远关不住的，因为它们的每一片羽翼上都沾满了自由的光辉！而海豚——这海底的鸟儿，我深信，它们的身上也一定闪耀自由的光芒。请放了可怜的海豚吧，让它们回到广阔的大海，回到蔚蓝的故乡，那里才是它们真正的家啊！

点　点

刁子皓

　　我外婆家有一只小狗，它有着四条强劲有力的腿，它还有一条一摇一摆的小尾巴，因为它身上长满斑点，所以我就叫它"点点"。

　　每次我去外婆家都喜欢和它玩。记得有一次，"点点"咬破了我的气球，我生气了，就要打它，可看着它可怜巴巴的样子，我就心软了。它就高高兴兴地在原地打转转，好像在说："谢谢你，小主人，我再也不这样了！"

　　"点点"还特别喜欢吃肉骨头，每一次，我只要把吃剩的骨头扔在地上，它都会以迅雷不及掩耳之势跑去把骨头抢了过来开吃。

　　这就是我外婆家的"点点"，既天真活泼，又顽皮可爱。

弄丢名字的獾

袁海波

有只叫培儿邦的獾，又聪明又活泼，还有点儿调皮。有一天，调皮的培儿邦把自己的名字给弄丢了，这显得有几分滑稽。

大家知道，谁要是丢了吃的、用的，或者玩的东西，这也许不奇怪，可是怎么会把自己的名字给弄丢了呢?

这事情得从培儿邦的名字说起。

培儿邦并不喜欢自己的名字，这名字有点古里古怪的，挺洋气，有点儿像个外国名字。

培儿邦不知道当初父亲为什么会给自己取这么个名字。

如今，父亲已经不在这个世界上了，他再也没法弄明白这个有关自己名字的问题。

有一天，培儿邦因为调皮，和一只熊打架，生气的熊一巴掌拍过来，培儿邦只觉得一阵天旋地转，站立不稳。等他能站稳的时候，熊已经跑远了。

还有点晕乎乎的培儿邦，赶快背了一下乘法口诀表，看看自己的脑子有没有受影响。他的乘法口诀表背得挺顺溜，没有一点儿结巴，这证明他的脑子挺好。可是，他再想一想自己叫什么名字，却怎么也想不起来。

他用力拍拍脑袋，使劲跳了跳，再用冷水激激头，激激脸，也不傻呀，可是自己叫什么名字呢？就是不知道。

培儿邦看见树上的松鼠很机灵很聪明，他问小松鼠怎么才能使自己脑子变聪明，变灵活。

小松鼠甩甩他的大尾巴说：“我吃坚果，吃得越多越好。”

是啊！小松鼠一刻不停地吃着松子、核桃这类坚果，才那么聪明的。于是，培儿邦吃了很多很多的核桃、榛子和松子，他的脑袋变得更聪明了，可就是想不起自己名字来。

一个没有名字的獾，这有多怪啊！

小獾不好意思向别人打听自己的名字，怕别人会以为他得了什么怪毛病。周围的伙伴也怪，居然没有一个人当面叫他名字的。

森林里贴出布告，最近阿豹先生办的摩托车训练班开始报名了。培儿邦多么想去报名啊，为了要进入培训班，他都盼了好久了。可是怎么去报名？连个名字也没有的獾，报什么名？

培儿邦气愤极了，也苦恼极了。谁让父亲给他取了这么一个居然会弄丢的名字！

一天，培儿邦在路上散步，看见河马先生苦恼极了，培儿邦走了过去，问道："您怎么了呢？"河马先生说："我的闹钟坏了。"培儿邦听了说："请把它交给我，我会让它重新走动的。"

"你行吗？"河马先生有点儿怀疑。

"没问题，您瞧着吧！"培儿邦三拨两弄，闹钟又开始滴答走动了，河马先生惊异地说："你真了不起，培儿邦。"

培儿邦高兴地说："没什么，以后闹钟出了毛病来找我！"说完培儿邦告别了河马先生，培儿邦边走边说："我叫培儿邦！我叫培儿邦！我终于找到了我的名字，终于可以参加摩托车训练班了！"

小鸡黄黄和另一个自己

杨文静

一天，小鸡黄黄出去玩累了，便回到家。他正准备到厨房拿点儿零食吃，却看见一个"玻璃"里，有一只和自己长得一模一样的小鸡。

黄黄很生气：这只小鸡怎么和我长得完全一样呢？我长得这么帅，这只小鸡肯定是自己长得太丑了，所以"化妆"成我的模样。不行，他不能化成我的样子。"喂，你怎么和我长得一样？是不是化妆了？快露出你的真面目！"想到这里，黄黄大声地对"玻璃"里的小鸡吼道，气得都要跳起来了。

可是，"玻璃"的小鸡也像黄黄一样大吼大叫，也是生气得不行，差点儿就要跳起来了。黄黄气坏了：他长得和我一样就一样嘛，干什么要学我呢？还对我吼，真是气死了！不行，我一定要给他一个教训。这么想着，黄黄顾

会说话的眼睛

不上那只小鸡在"玻璃"里了，哦，不对，是他完全忘记那只小鸡在"玻璃"里了。黄黄用尽全力，用头狠狠地向"玻璃"里的小鸡撞去。只听沉闷的"咚"一声巨响，黄黄被"自己"打的头疼欲裂。

黄黄不敢打"玻璃"里的小鸡了，黄黄顾不上他了。他现在只顾着哭。黄黄的哭没有惊天地，也没有泣鬼神，而是把他妈妈给"哭"来了。

鸡妈妈看到黄黄在那站着哭，便关切地问："孩子，你怎么了啊？谁欺负你了？"黄黄一边伤心地抽泣一边把事情的原委告诉了妈妈。鸡妈妈听后笑了起来："孩子，其实，你所说的玻璃就是镜子呀。""镜子？"小鸡疑惑地说道。"是啊，就是镜子。其实镜子里的小鸡就是——""就是谁呀？妈妈你快说"。"嗯——要不这样，你再去照一下镜子，不过这次你可不能发脾气了，要友好地对待他，和他打招呼。""这样真的可以吗？"黄黄喃喃自语道，但看到妈妈鼓励的眼神，黄黄鼓起勇气，向镜子走去。

"嘿，你好。我叫黄黄，你叫什么？"黄黄微笑着说。他看到镜子里的小鸡也在微笑，嘴巴一张一合的，看那口型，说的和黄黄的一样！难道，镜子里的小鸡难道就是我？这么想着，黄黄向左迈出了一小步，镜子里的小鸡也向左迈出了一小步。

"妈妈，我知道啦！镜子里的小鸡就是我，对吗？"

黄黄满怀期待地大声说。"就是这样啊，乖孩子。"鸡妈妈欣慰地说。

"妈妈，通过这件事我还明白了一个道理：当你粗鲁地对待别人，别人肯定不会友好地对待你，而当你有好地对待别人时，别人也一定会友好地对待你。就像我和镜子里的'我'一样。"

"对，孩子，就是这样。刚才我之所以不跟你说镜子里到底是谁，就是因为想到如果让你自己去探索镜子里到底是谁，你肯定就可以体会到这样一个道理。以后，你对待其他小鸡也要友好，有礼貌，知道了吗？"

"知道了，妈妈，我一定会这样做的。"

放牛的小男孩儿

俞文茹

当我第一次看到这幅剪纸时，我就被这幅剪纸深深地吸引了。虽然嘴上说不出来是哪儿特别，却意犹未尽，我看着它并加以想象，一个故事就呈现在我的脑海里。

从前有一个小男孩儿，住在一个小村庄里，他的爸爸妈妈待他很不好，每天就叫他早早地去放牛。他没有朋友，整天就只能和一头老牛待在一起，形影不离，算得上是相依为命的"好兄弟"了。他没有名字，因为大伙儿看他那么勤劳，所以村庄里的人都叫他"牛棒棒"。

有一天，牛棒棒在山间骑牛散步。面对如此美丽而又充满传奇的景色：夕阳西下，云像鱼鳞一样，白里透红，红里透黄，天空像是给王母娘娘重新粉刷的一样，简直无可挑剔，仿佛伸手就能碰到天！牛棒棒望着天空的美景，不禁赞叹道："多美的景色啊！要是每天都能像这样看看美景，躺在草地上那该多好！"可就偏偏在这时，一阵"呜呜"的声音打破了这里的气氛。是谁在那儿？牛棒棒一听是哭声，便牵着牛往哭声的方向跑，他走近一看，原来是一位小弟弟摔倒在了地上。牛棒棒安慰着问："小弟弟，怎么了？"小弟弟说："我的脚受伤了。"牛棒棒看了看，原来是脚崴了，他连忙把小弟弟扶起来，对他说："来，我把你送回家好吗？"小弟弟点了点头，说："谢谢大哥哥！"牛棒棒先骑到牛背上，然后让弟弟抓着她的手爬上来，弟弟问哥哥："大哥哥，你叫什么名字呀？"哥哥说："我叫牛棒棒，你呢？""我叫大皮。"弟弟笑着说道，"因为我是家中最大的一个，也很调皮，所以就叫大皮……"

两人骑在牛背上，有说有笑，有时候连老牛也在笑呢。不知过了多久，傍晚渐渐来临了……

会说话的眼睛

牧　牛

杨　晔

　　中国的民间艺术博大精深，源远流长。我最喜欢剪纸，栩栩如生的剪纸也是我国文化瑰宝之一，她已经有两千多年的历史了！

　　瞧，我手上这幅剪纸活灵活现：一头老牛铜铃般大的眼睛炯炯有神，两个又大又圆的鼻孔，像在呼气，一双耳朵耸立着，倾听着周边的声音。它的头微微侧着，一对又粗又长的牛角中间还戴着一朵花，显得憨态可掬！一对喜鹊在牛角间嬉戏，它们的嘴微微张开，好像在交谈着一天的见闻。再一看，牛背上骑着一个小男孩，他背上背着个大斗笠，身子向下探，双手也向下伸，他同伴的一只脚蹬在牛肚子上。只见他双手紧紧握着同伴的手，把同伴往牛背上拉。

　　看着这张剪纸，我的思绪不禁飞向了远方。

转眼间，又到了小明去看望小东的日子了，他还带了几本书和两杯橙汁准备给小东呢！刚到村口，小明就看见小东骑在一头老牛背上，在向他招手！小明连忙跑到大树下，小东热情地说："来，到牛背上来，我们一块骑牛去我家！"小明在高兴之余又很害怕："好哇！可我从来没有骑过牛呀！"小东说："别怕，我来拉你！"小明把手伸给小东，一只脚蹬在牛肚子上，准备跨上牛背。可是牛肚子很滑，小明怎么也蹬不上去。

小东有些着急了，这时，他在老牛耳边说："老牛老牛，请你配合一下。"老牛仿佛听懂了主人的话，把两条前脚向下一弯，还没等老牛蹲下，小明就迫不及待了，再次把脚蹬在牛肚子上，小东使劲一拉，小明一下就跨到了牛背上，两人高兴地欢呼起来。他们坐在牛背上，你一口我一口地喝起了橙汁，说说笑笑，开心极了！两只喜鹊飞到牛角间嬉戏……

小小的剪纸竟然有这么大的魅力，令人叹为观止！

小山羊看海

周嘉浩

　　小山羊在山坡上吃草，看见小溪在"叮叮咚咚"地流。小山羊问小溪水："你要流到哪里去啊！"小溪水欢快地说："我要流到大海里"。小山羊想大海？大海是怎样的？我要去看看，于是小山羊出发去看大海了。

　　小山羊翻过了一座山，路过一片草地，看见一群小鸡在玩耍。小鸡问小山羊："小山羊哥哥，你去干什么呀？"小山羊说："我要去看大海。"小鸡问："大海是什么样的？""我也不知道，所以要去看看。"小鸡请求小山羊带它一起去，小山羊答应了。它们走啊走啊，翻过了一座大山，也没看见大海。小鸡对小山羊说，它想妈妈，不想和小山羊一起去看海了。于是小鸡回了家，小山羊继续往前走。

　　小山羊翻过一座座山，路过一个小池塘。一群鸭子在戏水。一只鸭子问小山羊："小山羊哥哥你到哪里去啊？"小山羊说："我要去看海"。小鸭子问："大海很美吗？"小山羊说："我也不知道，所以我要去看看。"小鸭子请求小山羊带它一起去，小山羊答应了。它们走啊走啊，又翻过了一座山，也没看见大海。小鸭子对小山羊说："一点也不好玩。"它不想看海了。于是小鸭回了家，小山羊继续往前走。

　　小山羊又翻过了一座高山，路过了一个泥塘，惊醒了小猪。小猪问小山羊："山羊哥哥你到哪里去啊？"小山羊说："我要去看海。"小猪问："大海里有好吃的吗？"小山羊说："我也不知道，所以我要去看看。"小猪说："我也想去看看，一起去好吗？"他们走啊走啊，翻过了一座高山，也没有看见海，小猪对小山羊说："累死我了，你自己去吧！"于是，小猪回了家，小山羊继续往前走。

　　小山羊翻过了一座座山，终于眼前没有了山。地是平的，很平很平。又往前走，眼前出现一片金黄的沙滩，在沙滩上晒太阳的小乌龟告诉小山羊："这是海滩，前面蓝色的是大海。"

　　小山羊兴奋地跑向大海，他看见了蓝蓝的海水，看见了一排排雪白的浪花涌向海岸，看见了浪尖上的小渔船，看见了码头上巨大的轮船，看见了海和天连在一起，分不清哪个是天哪个是海。小山羊高兴极了，大海真大呀，大海真美呀！

　　小山羊在海滩上捡了许多美丽的贝壳，它要把它们送给小鸡、小鸭和小猪，告诉它们大海有多大，大海有多美。

西红柿变脸记

张　弛

很久很久以前，青青的西红柿很受大家的欢迎。

有一天，蔬菜国和水果城为了一片土地的问题互不相让，争论不休，最后竟然要通过战争来解决这个问题。蔬菜国的国王菠菜召开紧急会议，水果城城长召集各处将士，加强训练，两方都在做一级战斗准备。

终于，蔬菜水果大战拉开了序幕。随着西瓜音乐大师的响鼓，第一场战争开始了。蔬菜国的大将军白菜请战，水果城的矮小将军草莓迎战。白菜显示出自己的本领，对矮小的草莓不屑一顾，草莓一点儿也不胆怯，蹦来跳去，非常灵活。白菜追也追不上，抓又抓不着，两个人累得满头大汗，气喘吁吁。机灵的草莓把自己的汗水聚集在一起，对着白菜一阵猛射，白菜痛的东躲西闪，很快败下阵来。在一旁观战的西红柿，看见水果城赢了，便跑到城

171

长面前讨好说："西红柿愿意请缨，决赛由我来战，一定不会辜负您的期望"。城长满口答应了。第二场开始了，蔬菜国大元帅莴笋上场，水果城梨子跳了出来。梨子按照草莓的战术东跳西跳，莴笋不愧为大元帅，瞄准时机，一个箭步冲到梨子面前，用细长的叶子夹住了梨子，梨子疼得哇哇大叫，乖乖地被蔬菜国俘虏了。西红柿觉得架势不对，心想蔬菜国赢得机会大，我可不能吊死在同一棵树上。想着，他跑到菠菜国王面前，毕恭毕敬地行了个礼，笑眯眯地说："尊敬的国王陛下，我一向被别人划分在蔬菜之列，我愿意投靠您，成为您忠实的部下"。蔬菜国大王大为开心，封他为上将军。

第三场决赛马上开始了，水果城派西红柿出战，可怎么也看不见他的踪影。正当全军上下百思不得其解的时候，苹果使者来报："西红柿已叛变到蔬菜国之内"。消息一传出，全城水果十分愤怒，大家众志成城，决心在最后一轮战斗中取胜。他们派出了闻名天下的"西瓜乐师"。蔬菜国则派出冬瓜应战。西瓜乐师一上阵，果然名不虚传，他原地站立，有节奏地拍着肚皮，把冬瓜震得晕头转向，冬瓜丢盔弃甲，慌忙逃走了。

这是，水果城的全部军士一拥而上，要求蔬菜国严惩"两面派"——西红柿。西红柿早已羞红了脸，不敢见人了。从此，西红柿的子子孙孙都变成了红脸蛋。

橡皮和铅笔

未 来 的 我

陆舒扬

时间2047年，我是一名优秀的超能特警，编号2112，专门抓捕那些国际通缉犯。

我们部队的武器不统一，每个人都有自己独特的武器，比如我的：火焰突击枪，用冰刃做的尼泊尔军刀（不会融化）外加高爆发手雷（五个）。

我们部队最大的特点——快！每次只要集结号令一吹，不管是在干什么，一分钟之内必须集合。有一次，突发状况，同事王夏一边穿裤子一边跑，教官夸他很不错。

"叮，叮！"出现头号通缉犯！我马上带着武器去集合。"每个人发一个雷达，这次不能放过他们！"教官说。"Yes！"我跟着雷达来到了一块空地上，其他人也陆续赶来。"咦？没有啊。"一个人说。我开始四处寻找，并抬头一望，我的天！一架直升机正在我们头顶停悬准备逃走！我想都没想，抱起一块巨石，跑到一个跷跷板旁，站上去一扔，我飞了起来。"嗖嗖……"敌方似乎发现了我，朝我这边开了几枪，我一个转身，躲了过去。说时迟那时快，就在我即将坠落之时，我一下扔出个手雷。轰隆一声，直升机尾部被炸毁，直升机掉了下来，不过罪犯跳了出来，见我们人多势众，只好束手就擒了。带回部队后，经过我们的调查和他们的口供，我们成功将剩余的人一网打尽！其中我立了大功，教官奖励了我一枚荣誉勋章，我高兴死了，因为要得到教官的认可非常难！

"2112，2112，紧急情况，请速来第5街道……"

橡皮和铅笔

一次神奇的战斗

李申逸

时光飞速流转着，光阴似箭，日月如梭，转眼就是5055年了。我作为世界最顶尖的科学家，用光学望远镜发现了不明外星生物来进攻地球。

不过，他们的速度还是很慢，一分钟只会走一光年，可令人忧心的是它离地球人造大气层只有一百二十光年了，时间紧急！我命助手去召集世界上所有国家的顶尖科学家，三秒钟后，所有科学家都到齐了。我宣布："这是人类生死攸关的时候，我们只有两个小时的时间，前一个半小时，由你们进攻，再若不行的话，后半个小时由我来进攻。"澳大利亚的科学家说："我们在人造大气层外建攻击层和防御罩，攻击层内有许多加农炮、原子弹等等，同时用飞船来轮番轰炸，不怕这外星生物不死。"话音刚落，所有科学家齐动手，三秒钟后攻击层和防御层都建好了，他们加入了各种威力巨大的武器，立刻向外星生物开炮。只听"哒哒哒"响个不停，只见无数的火药、炮弹如飞蝗般射过去，没想到连太阳都可以被炸毁的火药和炮弹还炸不死这些外星生物。科学家们拼命增加弹药、火力，速度甚至提升到每秒一光年，面对火力大开的地球，他们毫不退缩，继续冲锋。迫不得已，我们用上了秘密武器——闪电灵球，在吸收了天地之力后，放出了五色神雷：金雷如炮、木雷滔滔、水雷绵绵、火雷急迅、土雷如球，金木水火土五行俱全，组成了太极八卦阵，五行相克相生加上阴阳之力，外星生物的武器和铠甲被活生生打碎，速度降为原来的二分之一，防护层上又飞出许多超级宝石，宝石发射出许多武器和弹药：刀枪剑戟斧钺钩义、子弹、水灵球……这外星生物只是被打得向后退了几步立马又回来了。逼不得已，我们用上了最后一招撒手锏——杀伤力极高、命中率高达99.999%的冰火气灵球，上百冰火气团经过上千次冰火相撞，配上无数火药、宝石、灵球，终于对外星生物的部队制造了麻烦——一个生物总算被打伤了，也只相当于我们中了一箭，但令人意想不到是不过几秒，这个生物就愈合伤口满血复苏了……

很快一个半小时过去了，外星生物部队没有一丝一毫被打退的迹象，我冥思苦想，寻求打败敌军之策，我想到，这生物身体结构是用皮筋连起来的，热胀冷缩，甚至用冰火气灵球都无济于事，怎么办呢？没办法，我先拿了

橡皮和铅笔

177

点吃的吧，一不小心让火炮发出了我手中的牛奶和橘子，没想到这些顽强的外星神物竟然就被消灭干净了，一场战斗突然之间就结束了。

后来我研究发现这些生物来自贪吃球，啥都贪吃，星球也吃了，只能进攻地球，进攻时贪吃了牛奶和橘子，没想到同时吃这两种食物就中了毒。这真是有心栽花花不成、无心插柳柳成荫，真不愧是一场神奇的战斗啊！

自行车的"小康梦"

刘雅萱

寂静的夜晚，在一个居民小区的公共车库里，一个灰暗的角落传来窃窃私语声，原来这里有两辆半新不旧的自行车。这两辆自行车上都蒙上了一层厚厚的灰尘，已看不出昔日的模样，显然很久没有人骑过了。

此时，其中的一辆自行车感叹道："现代社会真是日新月异呀！几十年前，人们的生活水平还很低，交通也十分不便，去哪儿都得靠两只脚步行去，有时还要挑着几十斤的重担赶路，如果路近还好，远的话，估计到了半路就累趴了吧！那时候，我们可是个稀罕物，谁家有一辆自行车，可了不得，出门办事也方便得多。可现在呢，马路上那大大小小的私家车都遍地跑了喽，哪还有我们的身影？"

另一辆自行车也随声附和了起来："可不是嘛，自从改革开放以来，人们的生活水平确实大幅提高了不少。"

说到这，它顿了顿，又有些心酸地说："当年，我们问世时，受到了广大民众的热烈欢迎，人们都想买上一辆自行车。自从有了我们，人们不再需要那么辛苦地步行了，骑着我们出门，又有面子又轻松便捷多了！后来，随着摩托车、电瓶车的出现，我们越来越不吃香，现在，我们都无人问津了。"

"那也没办法呀，"先开腔的自行车无可奈何地说，"现如今哪，中国的科学技术越来越先进，有几点我们不得不承认，摩托车、电瓶车不仅速度比我们快几倍，而且它还不需要用脚蹬，轻轻一加油门，就驶出去好远，骑它比骑我们更轻松，也难怪人们会更喜欢它们。"

"Nonono，非也非也。"一辆电瓶车突然出声，把自行车吓了一跳。随后自行车不敢置信地问："怎么可能呢？你们比我们好多了，怎么也不受欢迎啦？"电瓶车无精打采地说："怎么不可能呀？你们也知道的，现在的中国发展可快了，许多家庭都成了小康家庭，很多人都有购买汽车的能力，家用轿车也就走进了千家万户。何况轿车的速度比我们更快，而且可以遮风挡雨，是不是更方便呢？想来，从最初的步行一直到利用轿车代步，短短几十年，变化可真大呀！"

自行车们听了这一番话，纷纷点头称是："主人们的生活越来越优裕，日子越来越幸福。追随着党的脚步，中国会更加富裕美丽，中国的明天也会越来越美好。虽然现在我们只能退居二线，但是我们心里一样高兴啊！中国的小康梦，也是我们的'小康梦'呀！"

一阵感慨声后，车库又恢复了安静，各种车也进入了甜美的梦乡⋯⋯

老　屋

鲁小雪

最后一眼，望望这老屋吧，将她定格在心中最美好的地方。

1983年，外公亲自动手建了这座老屋。到今天，已经整整住了三十四年了。没有人比外公、外婆两位老人更舍不得这座老屋。

破旧的门，早已生锈的锁，古雅的橱柜，斑斑驳驳的墙，无不显示着老屋经历过的漫长岁月。

墙上还有如今已经工作七八年的哥哥小时候写下的幼稚话语。桌上还有妈妈学习鲁迅先生刻下的"早"字。墙上还挂着蒙了一层灰，摇摇欲坠的1985年的日历。

回头看那小小的方桌，似乎还能拾到曾经一家人其乐融融在一起吃饭的痕迹。透过窗外，好像隐约能看见姐姐眉飞色舞地赶鸭子的声音。

而这一切，所有的欢声笑语都已渐渐远去，那些美好的童年回忆也渐渐淡了。

　　外公外婆的新房宽敞、明亮，不似老屋那样阴暗；新房舒适，不似老屋那样狭小。但两位老人遍布皱纹的脸上却没有开心，唯有不舍。

　　走出老屋，我伸出右手，眯了左眼，抬头看太阳，那么小，我似乎一伸手就能抓住，可是有时如同那些欢声笑语一般，遥不可及。

善恶转换器

贾 旭

在这个世界上有善恶两种人，虽然善良的人比恶人多，但没能完全消灭恶人，他们会源源不断地产生。一天晚上，我放学独自回家。突然，天上掉下了一个东西，落在我的脚边。

我丈二和尚摸不着头脑，低头一看，这是一把全身湛蓝、体型较小的枪，我捡起来，朝着自己开了一枪。突然，一道蓝光以迅雷不及掩耳之势击中了我。我心里要边走边玩的想法消失了，取而代之的是要快点回家，不能让妈妈担心。我就像听了诸葛亮话的刘备一样拨开云雾见到了青天——天哪！这是一把可以转换人类思想的枪，我决定把它占为己有，并叫它善恶转换器。

得到善恶转换器之后，我做了许多好事。一天清晨，上学路上，我看见一个小偷拿着一个手机从一户人家走了出来，我立马使用善恶转换器给他来了一枪，他中枪后，浪子回头，把偷来的手机重新还给了那户人家，并道了歉，还去警察局自首。一个星期天的中午，我看见一个小流氓在虐待一只可爱的小狗，他拳打脚踢，小狗"汪汪"叫，像是在说"好疼，好疼，求求你别再打我了。"看着小狗一副可怜兮兮的模样，我心如刀绞，十分气愤，对着小流氓打了一枪，他立马改过自新，对小狗道歉，并把它送往了宠物医院。走时，小狗对我望着，好像在感谢我，我也摆摆手对它说再见。还有一次我看一个人想要跳河，结束自己的生命，我以箭一般的速度朝他开了一枪，他立刻转过身来，不再有跳河的想法，而是勇敢地面对生活，面对一切。虽然我做的一切都只是举手之劳，但我还是心花怒放，觉得善恶转换器是上天送给我的礼物。

昨天晚上，我做了一个重大的决定：把善恶转换器交给市长研发，让每一个人都拥有一支善恶转换器。不久之后市民们每人手上都有一台善恶转换器，它给人们的生活带来了极大的好处。但有个市民的善恶转换器被不法分子拿到，给社会造成了极大的混乱，让善良的人变成了恶人。市长早有准备，他给所有善恶转换器装了自爆装置，看到现在的状况，市长启动了自爆装置，毁掉了所有善恶转换器，包括我的。

经过这件事情，我明白了：科学是一把双刃剑。用得好，可以造福全人类；用得不好，可以给社会带来极大的危害。

从此以后，我再也没有使用过善恶转换器。

未来的家乡

杨文静

　　二十年以后，我已是一位赫赫有名的天文学家，由于工作需要，我一直在各个星球之间来回穿梭，一直等到假期，我才有机会回家乡去看一下。

　　有一天，我乘着我的私人飞机回到了家乡安徽舒城。刚下飞机，我就大吃一惊，没想到，仅仅过了二十年，家乡的变化就这么大。汽车装上了太阳能板，不再排放废气，大路的旁边长着两排"吸尘树"，这种树可以将空气中对人体有害的粉尘，灰尘还有其他东西吸收掉，再转化为清新的空气，路灯也安装了声控系统，它靠着白天收集的声音发光，每到夜晚，它就发出光，为人们照亮回家的路。

　　我看够了，就准备去拜访我的老朋友王辛力，刚敲响他家的门，就有一个机器人打开门来迎接我。走进他家，我惊奇地发现，里面总共有大约十几个机器人，这时，王辛力跑出来迎接我，他向我介绍：现在的科学家不但发明出了各种高科技产品，甚至还复原了许多早已灭绝的动物，其中就包括阔别地球六千五百万年的恐龙。而且现在的人们也不再像以前那样动不动就吵架，人们的素质都提高了。听着他的讲述，我想：咱们的祖国真是越来越强大了，总有一天，我们的科技会登上世界的巅峰。

橡皮和铅笔

未来的城关二小

丁浩然

　　二十年后，我回到了我的故乡——舒城县。到了家后，我也来不及看故乡有多大的变化，赶紧来到我的母校——城关二小。

　　到了这已经发生翻天覆地变化的母校，不禁有一点激动呢。我立刻来到教学楼，看孩子们是怎么上课的。孩子们在用电脑上课。我问教学主任："主任，让孩子们整天对电脑上课，不好吧，从小就把眼睛看坏了，长大了怎么办？""科学家先生，我们已经引进了先进的粒子眼镜，戴上这眼镜，就可以让孩子们对电脑上课，不近视。""对，我想起来了，这是我们科研团队发明出来的。对了，孩子们一个星期几节体育课？""一节。""这么少，我们应该增加一点，让孩子们多见点阳光，即使有了粒子眼镜，我们也不能不给孩子们上体育课，让孩子们在玩中学，学中玩。""好，我们一定会增加一点孩子们的体育课的。""你们可不可以带我去图书室看一下！""可以。"

我们登上电梯，来到了图书室。一看，这里的书有十几万本，而且全是机器人管理，孩子们在这里看书，有着绝对安静的环境，但是他们为什么都戴上奇怪的眼镜？这些也都不是粒子眼镜，那这些眼镜是有什么用呢？我问："这些眼镜有什么作用？""这些眼镜是我们从美国引进的3D立体感眼镜，可以让孩子一边阅读，一边看到类似动画片一样的图像。比如，你戴这副眼镜看《三国演义》这本书，你便可以看到战士们在战场上杀敌的情景，体会今天生活的来之不易。""不错，不错。"我参观完了学校，才依依不舍地和我的母校告别。

我的故乡变化大，但是我的学校变化更大，我热爱我的故乡，我更加热爱这美丽的母校。

五官逃亡记

粟城涛

星期天的早晨，小明从睡梦中醒来，惊奇地发现他的眼睛睁不开了，耳朵听不见了，鼻子闻不到气味了，连舌头和嘴巴都尝不到任何味道了！他又急又慌，不知道究竟发生了什么？也不知道怎么办？这到底是怎么回事呢？原来是五官集体出逃了。

这天晚上，五官兄弟们集体召开了一次重要的会议。鼻子说："如今大气污染太严重了，我每天都吸入了许多浑浊的空气，害得肺兄弟天天抱怨我！"眼睛接着说："是啊是啊！这浑浊的空气让我这双眼睛都快睁不开了，我每天都不停地流眼泪。"耳朵也生气地说："人类每天从早到晚不停地制造噪音，我一刻也不得安宁！"嘴巴和舌头异口同声地说："食物和水都被严重污染了，我总是吃不到干净的食物，喝不到卫生的水，害得胃兄弟经常生病！"说着说着，耳朵大哥提议："不如我们一起出逃吧，去个环境优美又没有污染的地方，顺便给人类一个教训！""好的好的！南极洲冰天雪地、环境优美、空气清新，我们现在就去南极洲吧！"

就这样，五官兄弟们踏上了南极洲之旅。人类不知从哪得知了这个消息，他们立即展开了一场浩浩荡荡的追捕。五官兄弟加快了前进的步伐，人在后面紧追不舍，他们甚至用了飞机和大炮……

五官兄弟们商议着："我们和人类都是一家人，何必大动干戈呢？"最后，五官兄弟决定和人类谈判。在谈判桌上，它们要求人类反思整改，然后把环境建设得清洁优美。人类只好答应了五官兄弟的要求，开始重视环境，大力采取措施，重新建设绿色家园。

五官兄弟终于又回到了小明的身体上了！从此，它们享受着清新的空气和安静的环境，和人类愉快地相处，再也没有任何矛盾了！

橡皮和铅笔

橡皮和铅笔

陶欣然

明明有一个木头铅笔和一块蓝橡皮。

一天夜晚，皎洁的月光照的房子里明亮明亮的。

"铅笔，我们结拜为兄弟吧。"

"好啊，你当哥哥，我做弟弟。"

"不不不，你高我矮，你当哥哥。"

"不要，你多漂亮啊，身上蓝蓝的，你当哥哥。"

"你是先被小主人买回家里的，你当哥哥。"

"那好吧。"

从此，在接下来的日子里，铅笔和橡皮互相帮助，成了形影不离的好朋友。

可好景不长，不知是怎么一回事儿，有一段时间，小主人明明特别宠爱奶油味的蓝橡皮，而且还在同学们面前夸赞他，把孤独的铅笔冷落在了一旁。铅笔不高兴了，总在小主人写作业时故意写错字，让小主人多多用橡皮，让橡皮越擦越小，这剩下指甲盖大小，眼看就要消失了。

一天晚上，铅笔讽刺的对橡皮说："老弟，几天不见，你怎么变得这么的瘦小啊！"

"是吗？"橡皮虚弱地说。"不信我们来照一照镜子。"铅笔用嘲弄地口气说到。铅笔假假惺惺地让橡皮先照，橡皮一照便说："唉，我老了。"接着，铅笔自己又一照便尖叫起来："这镜子里的矮家伙是谁呀？""不就是你吗，你在削弱我的同时也在削弱你自己呀！"

"啊！"铅笔惊叫一声，羞愧地跌坐在地上。

橡皮和铅笔

大树的自述

袁高歌

大家好！我是一棵大树，现在我的兄弟姐妹有很多已经离去了，你要问为什么？那还要从这里说起……

记得那天，天色未明，我正在睡梦中。隐隐约约地听到了砍树时那可怕的声音，我定睛一看，原来是造纸厂的工人，他们为了挣钱，正用斧子砍伐大量树木。我生长在一片大森林里，因为这里树木多，有许多可爱的小动物，所以马上就要被列为自然保护区。现在整个树林已有90%的林木被那可怕的斧子砍掉，只剩下一个个的木墩，小动物也纷纷离去。而我因为长得歪歪扭扭的毫无用处，才幸存了下来。一想到原本热闹的地方从此将变得冷冷清清，可爱的小动物们被迫逃走了，我的兄弟姐妹也有很多都被砍伐了，我就要这样孤独地度过了一天又一天，一月又一月，我的心在滴血，痛苦万分。终于有一天，大自然再也无法忍受水土流失这样的痛苦，它开始怒吼——整个村庄被洪水淹没了……虽然多数家庭已家破人亡，但这也人类自己造成的后果，就算上天对他们严厉的惩罚吧！

大水就这样持续了三天三夜，当我觉得像过了几个世纪那样漫长的时候，大水已经停了，渐渐退了下来。再看看被大水"洗刷"过的村庄，支离破碎，一片荒凉。稻田被冲走了，房屋被淹没了，逃难的人们陆续返回了家园，我孤零零地站在天地间，弯弯的像个巨大的"？"，在叩问人类，将来你们该怎么办？

第二天一大早，我又听见一些声响，以为又要砍树了，不禁心里一颤，但当我仔细一看时，才发现人们在忙着建房屋、种稻田，一幅繁忙的景象。正当我为这景象高兴，同时又为我的兄弟姐妹感到叹息时，我又看到周围有许多小孩，他们在这荒野上忙着种小树苗。这个村庄又兴旺发达起来。

过了三年，小孩子长成了健壮的青年，小树苗长成了大树，小动物又回到我们身边。一切又回到了从前那欣欣向荣的景象。

想起以前那一幕幕惨景，又看看眼前这繁荣，心里有说不出的喜悦。

人类啊！请醒悟吧，不要再沉迷于金钱的诱惑，大自然已经为你们未来的生态环境亮起了红色的警灯。

"醉"蚊子

陈秋雨

在我童年的时候，有许多快乐的事，也有许多令人烦恼的事。随着时光的流逝，有些事我都渐渐地淡忘了。但唯独有一件傻事，使我至今难忘。

那是上二年级时，一个炎热的星期六，我和邻居张梦颖在家玩过家家的游戏。我们刚玩了一会儿，爸爸妈妈就开着车出去逛街了，爷爷奶奶也出去买菜了，家里只剩下我们两个人。我们玩得满头大汗，但很开心。可是总有几只尖嘴蚊子"嗡嗡"地围着我们转。不一会儿，张梦颖的腿上、胳膊上，被叮得全是一个个像豌豆大的红包，痒得她直叫唤。我身上也被那些讨厌的蚊子叮了好几个包。这可怎么办呢？

我忽然想到一个好主意。每当大人喝醉酒，就躺在床上睡着了，如果我们喝了酒，蚊子一叮，它们不也就醉了吗？这样我们既可以玩，又不会被蚊子叮，这真是个两全其美的好办法。

想到这儿，我便快步跑到厨房，打开橱柜，找到了一瓶红葡萄酒，便小心翼翼地拿了出来，拧开瓶塞子，"咕咚咕咚"地喝了好几口。这味道真不错，我又把酒递给了张梦颖，对她说："你也来喝几口吧！喝了它，蚊子就不敢再叮我们了。"我们还能继续玩，玩着玩着，张梦颖对我说："我脸发热，好想睡觉。"好吧！我扶你去睡觉，刚上沙发，她就睡着了。就在这时，我也觉得脸有点发热，走起路来飘来飘去的，好像腾云驾雾似的，眼睛也睁不开了。

不知不觉，我也躺在沙发上睡着了。过了一会儿，爷爷奶奶回来了，看到我们睡得这么香，就没叫我们。等我一觉醒来，对爷爷讲我们做这一切事的时候，爷爷笑着说："蚊子没醉，倒是把你们这两个小鬼醉倒了。真是两个小傻瓜，瞧你们做的这件傻事……"

这件傻事，我至今想起来还觉得很可笑，不知道怎么会想出这么个幼稚的主意来。

这件童年做的傻事给我留下了难忘的回忆。

因为读书，人生才更精彩

赵嘉欣

书是清晨初升的一轮朝阳，照亮了我们的胸膛；书是清晨的一颗露珠，洗涤我们的灵魂；书是一位知识渊博的老师，引领我们领略人生的真谛；书是一位知心好友，为我们诉说各种人生故事；书是一个人性的净化器，给人心灵荡涤；读书给我无限的乐趣，让我走进知识的海洋。我爱读书，更爱读好书。

杜甫曾说过："读书破万卷，下笔如有神"。这句话时时刻刻激励着我去好好读书，好好学习。书是人性的净化器，给人心灵荡迪；读书给我无限的乐趣，让我走进知识的海洋。《安徒生童话》让我懂得了什么是真，善，美。《中华上下五千年》介绍了中华民族的灿烂历史文化，让我明白了我国古代人民的智慧，激励我们奋发向上。《世界著名童话》的短短几个小片段都会让我回味无穷，它让我明白好故事犹如好朋友，只要我认真地去阅读，就会让我受益匪浅……

读书是一种美丽的享受，当我读到法布尔的《昆虫记》，会让我仿佛感觉来到了美丽的大自然中，和昆虫们一起亲切交谈，玩耍。读书是一种学习的过程，正如古人所言："玉不琢，不成器。人不学，不知益。""读书破万卷，下笔如有神。""读万卷书，行万里路"，说的就是这个道理。读史使人明智，读诗使人灵秀。每读一本书，就有一分收获。司马迁发愤著书，李时珍的《本草纲目》……这些故事让我明白：勤奋读书，提升自我，应该是我们人生的追求。读杜甫的诗让我感悟到人生的艰辛与坚韧，读巴金的书，让我们感受到未来的希望，读萧红的《呼兰河传》，我仿佛来到祖国的美丽家园里，体会到自由、快乐、幸福的滋味……

每一本书都是我们的朋友，它教会了我们许许多多。阅读书籍，感悟人生，因为读书，人生才更精彩。

读《绿山墙的安妮》有感

张雨涵

长着红头发、满脸雀斑、爱幻想的小女孩是谁？她当然就是加拿大赫赫有名的经典形象——安妮·雪莉喽。

车站边，坐着一个小女孩，一身可笑的绒布衣裳，一双热切的大眼睛寻找着来接她的人。当她乘上马车飞速前进，到达绿山墙农舍时，我才知道她叫安妮；在去斯潘塞家的路上，我才知道她是个孤儿，父母死于热病。

六月的早晨，是如此美丽。昨日的悲伤，安妮已遗忘。虽然她不能留在绿山墙，但她可以想象。那双大眼睛，早已凝视着窗外变化无穷的天空，她的心也飞到了九霄云外。啊，这真是个让人留恋的好地方。当她终于知道自己可以留在绿山墙农舍时，她是多么欢喜；当她和同班同学吉尔伯特·布莱恩结下冤仇时是多么愤愤不平；当她和戴安娜·巴里成为知心朋友时是多么快乐。她，对待爱，对待恨，同样如痴如狂。安妮的每一次闯祸、哭笑逐渐让我与她融为一体。我跟着她哭，跟着她笑，跟着她为自己寻找烦恼。然而，这里边也有我的朋友，她们是戴安娜、鲁比、简和乔西，她们和我与安妮一起成长。

安妮的那双眼睛让我看到了世界的美好，乏味的生活开始充满诗情画意，枯燥的钢琴曲也变得生动有趣。安妮就像一把明火，点亮了我的心灵！从此，哪怕掉入绝望的深渊我也会努力爬上来，哪怕踏入艰险的荒漠我也会奋力走出来。乏味、枯燥不再是我的对手，我可以让自己的世界变得格外精彩！

书香伴我成长

谢 雯

读一本好书，就如同和一个伟大的人谈话；读一本好书，就是亲近自然；读一本好书，就是拥抱亲情；读一本好书，就是认识世界……在读书的过程中，我们品尝酸甜苦辣，留下成长的足迹。

从小，我便非常喜欢读书，只要我捧起一本书，就可以在书桌旁一动不动地坐上一两个小时。有时候，我还因为读书，而忘掉了其他正事。现在，我已经读过了不少本古今中外的好书：《西游记》《红楼梦》《汤姆·索亚历险记》……

在这么多内容易精彩的书中，我最喜欢马克·吐温写的《汤姆·索亚历险记》。主人公汤姆是个天真、活泼、顽皮而又勇敢的少年。他和野孩子夏克干出了许多令人捧腹的妙事。他讨厌学校里枯燥的生活。后来他和夏克逃到荒岛去，人们以为他们淹死了，便在教堂为他们举行丧礼，而他们却躲在教堂的钟楼上偷听。最后他在危险时刻，挺身而出作证人，拯救无辜的罪犯沫夫彼得，与夏克破获了一桩谋杀案，找到了财宝，成为众人钦佩的小英雄。

读了这本书以后，我深受启发。书中的汤姆天真活泼、勇敢顽强的精神深深地感染了我，同时也让我知道了，在我们的人生道路上，会有许多的困难与危险，面对困难与危险，我们不能够退缩，而要勇敢地面对。而在现实生活中，我的胆子很小，每次上课老师提问题，我都十分想要举手回答，可是我的胆子很小，手就像被千斤重的石块压住，怎么举都举不起来。就这点和汤姆相比，我和他之间的差距就太大了，以后，我一定要多多学习汤姆这种勇敢顽强的精神。

书，它像大海上的航标灯一样，引领我前进；书，它像温暖的阳光一样，照亮了我心中的那一片黑暗。读书丰富了我的课余生活，让我学到了许多课堂上没有的知识，读书开阔了我的视野，开启了人生的智慧之门。

书香伴我成长！

橡皮和铅笔

悬崖上方的彩虹

——《斑羚飞渡》读后感

程芸珊

生命只有在危急的时刻，才会迸发出"坚强"，只有一直坚强地活下去，生命才会如花一样绽放美丽。

《斑羚飞渡》叙述的就是这样一个道理：一群斑羚在猎人的枪口之下，被逼到了悬崖之上，前面是猎人的枪口，身后是万丈悬崖。年轻的头羊，在这举步维艰的方寸之间，要做出多么艰难的选择。而此刻生命的奇迹在瞬间出现了！在无法跨越的悬崖的上空，出现一座生命之桥，那时一座由老斑羚的脊梁搭建而成的血肉之桥！年轻的斑羚带着血与泪的洗礼，上演了生命中最沉重的接力悲戏。斑羚群自觉地分成了两列，一列是年老的，一列是年轻的，队伍的形成一点儿都不扭捏，仿佛是一刹那形成的。

由于飞跃悬崖的跨度超过了一只斑羚的生命极限，于是年老的先开始跳跃，在悬崖的上空，在紧接着的一瞬间，那坚实的脊梁成了第二次跳跃的垫底。于是，我们看到了生命中最精彩的彩虹：年轻的一列斑羚飞跃过悬崖，稳稳地落在对面那片碧绿的草地之上。年老的一列斑羚则一只只滑向了谷底，带着平静的心，用粉身碎骨画上生命圆满的句号。 我惊叹于领头的斑羚的智慧与魄力，领导着这样一个有着坚强意志力的优秀团队，在危险与困境来临的时候，保持一份冷静和智慧，用生与死的接力，完成生命的轮回，换取种族的延续。物竞天择，在竞争当中它们必将是强者、胜者。领头的斑羚最后选择了与年老的斑羚一起坠落到悬崖的谷底，它还很年轻，在无声的行动当中，用自己的实际行动来书写一个"领袖"的精神风范。 在自由与囚禁、生死与别离的艰难选择下，没有人愿意放弃自己，每一个人都渴望生命之花能够常开，但对生命的价值而言，有时候放弃是一种智慧，更是一种勇气，成为活着的人记忆中浓墨重彩的一笔。 暴雨过后的悬崖上浮现出一道生命的彩虹。猎人们被眼前的情景惊呆了，生命竟可以用如此悲壮，飞跃的弧线演变成悬崖上空那一道最美丽的彩虹。

　　试问，人生不经历风雨，怎能见彩虹？

书 的 自 述

张　涛

　　我是一本书。封面上有一个小男孩儿正在看书。

　　我的主人是个爱看书的孩子，经常一看书就看很长时间，而且非常专注。有时他妈妈喊他吃饭也没听见。可是我的主人有一个同学，叫小明。他把我从主人手中借了过去，说好不会损坏的。但是有一天，小明放学时，看见有几个同学正在玩玩具手枪，正好小明今天也带了玩具手枪，他并和同学一起玩打仗，但他没有东西可以掩护，只好把我拿出来来抵挡子弹。当他打得有劲时，我的全身却被打得千疮百孔，经过了好几天的修养，才有一点好转。还有一天放学时，突然下起了雨，他又没有带伞，就想：不如用书来挡雨吧！反正书也不是我的，是朋友的，坏了也没事，就把刚刚康复的我拿了出来，我一路被雨淋，在快到家时，许多人对小明指指点点，说小明不爱护书，小明听了，不以为然地说："书不就是书吗！坏了不关我的事，是质量问题。再说，书也不是我的，是朋友的，坏了也没事"。别人听了都不理这个不爱书的小明了。

　　第二天，小明把冻得感冒流着"鼻涕"的我还给主人，当主人看见伤痕累累的我时，马上把我抱在怀里，心疼地抚摸着我，质问小明："你怎么把我的书弄成这样？"小明漫不经心地说："不就是一本书吗！有什么大不了的？"主人更加生气了，他对小明说："书也是有生命的，我们要爱惜它，它不仅可以给我们提供知识还是我们的良师益友，我们怎能不爱护它呢？"小明听后，羞愧地低下了头，说道："今后我再也不会伤害书了"。

　　小明离开后，主人为我包上了一层书皮，将我小心翼翼地放到了书柜里，从此以后再也不借给别人了。

橡皮和铅笔

有趣的实验

孙文涛

暑假的一天，我按照科学书上的介绍，模拟种子生长环境，做豆子发芽实验。

我从厨房里拿出一个盘子，为了使我的实验更加贴近自然，我找来了三种豆子——麻豆、黑豆、绿豆。我首先把三种豆子均匀的放在盘子中，它们各占一块领地，这让我想到《三国演义》中的"三分天下"。接着我放了一些水在盘子中，水只到豆子身高的一半，然后拿了两张纸巾打湿，盖在豆子上面——既能使豆子上面吸收到水分，又能为它们发芽提供良好的环境，随后我把盘子放在桌子的一角，静静地等待着它发芽。

下午，我发现铺在豆子上面的纸已经干了，我赶紧又给它洒了一些水。第二天早晨的第一件事就是去看豆子，放在豆子上的纸，已经变色了，有一部分是黑色，有一部分是绿色，还有一部分是黄色。我轻轻地掀开纸，哇！绿豆已经迫不及待地敞开了衣裳发芽了，麻豆也有几个把衣服敞开了，黑豆呢？只是稍微胖了一点，一点动静也没有。随后，我把纸盖好，不忘又洒了一些水。第三天早晨，盖在豆子上的纸，已经鼓的胖胖的了，我掀开一看，绿豆芽已经有半寸多高了，麻豆全发芽了。黑豆依然无故。我想：这黑豆怕是不行了，发芽怕是没希望了。第四天，黑豆才懒洋洋的敞开了衣裳，而绿豆和麻豆争先恐后的长，已经有两三寸长了。以后的每一天我都给它们浇上两次水，到了第七天，所有的豆芽都有四五寸高了。有的顶端已经长出两片翠绿翠绿的叶子，有的没展开的叶子，像一只只绿色的小蜻蜓落在上面，还有的头顶上顶着它的旧衣服，如同戴着一顶帽子，豆芽儿高高低低，参差不齐，远远望去，像一片茂密的小树林，郁郁葱葱，充满生机。

这次实验中，我不仅收获了许多乐趣，还知道了——植物的向光性。昨天我把豆子放在窗前，所有的芽儿都把脑袋伸得长长的，伸向窗外。嘿！这真是一个充满趣味的实验。

会开花的柳树

刘晓倩

　　小池塘的南岸生长着两棵柳树。东边一棵长得高大，枝叶繁茂的，是姐姐；西边一棵长得瘦小，柳条稀疏，是妹妹。

　　姐姐的树底下常有小朋友靠着树干坐在草地上读书，常有老爷爷在一旁有说有笑地晨练。柳树妹妹很少受到人们关注。看着姐姐身边热闹的情景，她羡慕极了！

　　有一年春天，两棵柳树的旁边长出了一根细小的藤蔓。小藤蔓长得很快，却只能匍匐在地上，始终不见长高。常有小朋友一不小心把叶子坐烂了，或者是晨练的老爷爷一不留神把藤条给踩断了。

　　有一天，小藤蔓又受伤了，痛得忍不住的小藤蔓呜呜地哭起来。小柳树垂下柳条轻轻地抚摸着小藤蔓，默默地陪着它流了许多眼泪。突然，小柳树兴奋地舞动着柳条说："小藤蔓，别哭了！你以后就扶着我的柳条长到我的枝干上来吧，这样你就不会被粗心的人们弄伤了。"

正照着明镜似的水面梳妆打扮的柳树姐姐听了这话，吓了一跳，严厉地警告说："小妹妹，就你那瘦弱的身躯怎能让小藤蔓攀附在你的身上呢？总有一天你会累坏的。"小柳树坚定地说："这地方就我们三个，小藤蔓现在有困难，我们不帮它，还有谁能帮它呢？"说完，它拉过小藤蔓的藤条缠在自己的柳条上。

从此以后，小藤蔓就顺着小柳树的柳条一天天地往上长，小柳树虽然觉得有点累，但是一看到小藤蔓茁壮成长的样子，心里就充满了幸福感。

又一个春天来了。小藤蔓开了许多红色的小花点缀在小柳树上。路过的人们惊奇地叫起来："这小柳树还开花呢！"爱花的人们纷纷凑过来观赏，赞叹说："太漂亮了！"许多新郎新娘大老远跑过来，站在小柳树旁边拍结婚照。小柳树和小藤蔓都开心地笑了。

青 春 之 歌

肖越超

　　"恰同学少年，风华正茂，书生意气，挥斥方遒！"

　　年少的我们正处于生命中最有活力的年华。曾经熟悉的童真已成为最宝贵的回忆。我们已经迎来了我们人生中最美丽的春天……

　　步入青春的我们，像春天一样充满着朝气与活力，像夏天一样热情奔放，像秋天一样多愁善感，像冬天一样冷静，沉着。

　　我们对于青春，总有自己独到的见解和想法。

　　青春是一座金字塔，代表着进取，只有锐意进取，青春才能焕发出巨大的能量。

　　青春是两颗连在一起的心，是友谊，青春的友谊是无私的，纯洁的。

　　青春是一弯新月，是缺憾。青春总是不完美的，正因为那一点点的不完美，就多了一份不同的感受，多了一种完美的希冀。

青春是一把竖琴，是快乐，青春没有理由不快乐。

青春是书架，是智慧，没有智慧的青春是一朵不结果的花。

青春是一个人，是独立，代表着我们自立自强，拥有独立的人格、自主的能力。

青春赐予我活力、阳光，让我无悔地度过这短暂的时光。在这灿烂的一生中添下完美的一笔。

感谢青春，热爱青春，珍惜青春。没有什么能拘束青春的我们！

感谢青春，有了美好的青春，对我们的人生而负责。感谢每一位帮助过我们的人，他们在我们困难时伸出援助之手。真情在我无悔的青春里……

热爱青春，用心去感受青春的美好，让青春无悔，青春是心灵的变化；是心灵的接触；是心灵的感受。要知道，我们有活力、健康和无私的青春！

珍惜青春，青春固然美好，却短暂，也许也只有用遗憾来诠释、阐述这一段美丽的时光。为了让我们的青春无悔、发光，用心去珍惜时光！ 在这平凡而短暂的青春时光中，创造出一个无憾的青春、不一样的自己！

橡皮和铅笔